Festival × Travel

フェス旅

日本全国音楽フェスガイド

著 津田昌太朗

JN112188

発売 小学館
発行 小学館クリエイティブ

音楽フェスで旅しよう!

世界のフェスを巡って気付いたのは
実は日本は"フェス大国"だということ

1年を通して、日本全国の様々な場所で、
音楽フェスが開催されています

本書ではそんな多様なフェスを紹介しながら
フェスを目的に旅をしたくなる情報を詰め込みました

その場所でしか味わえない熱いライブ
そこに集った人々や新しい文化との出会い
そして、その土地の魅力もあわせて楽しむ

" フェス×旅 "

という新しいスタイルを提案します

Festival×Travel

フェス旅

CONTENTS

Pick up フェス

シーズン別 フェスガイド

4月〜6月ごろ

7月〜8月ごろ

*本書は2024年3月までに開催された情報を元に掲載しています。やむを得ない事情で変更・中止になる可能性がございますので予めご了承ください。
また最新の情報については各フェスの公式サイトまたはSNSをご確認いただきますようお願いいたします。

FESTIVAL WORDS

本書にも登場する、フェスやライブ独特の言い回し、
それらにまつわる注意事項をチェックして、フェスを100%楽しもう!

↓ まずは押さえておくべき **3** 用語

Word1
タイムテーブル

アーティストの出演時間とステージがまとめられたもの。フェスでは同じ時間帯に複数のライブが行われることも多いので、事前に発表されるタイムテーブルをしっかりチェックしておこう。

Word2
セットリスト

ライブでの演奏楽曲が順番に並べられたもの。通常フェスの出演時間は単独公演よりも短いので、ヒット曲や代表曲が多めに演奏される傾向がある。出演時間やフェスの色にあわせたセットリストが用意されることも。

Word3
ヘッドライナー

そのフェスに出演するアーティストのなかで目玉となるアーティスト。多くの場合は、その日のメインステージの最後に出てくるアーティストを指す。トリ、大トリとも呼ばれる。

more words
さらに知っておくと役立つ用語

▶▶ 事前準備

4	リストバンド	手首に巻くことでチケットの代わりになるもの。布や紙のタイプがあり、券種によって色やデザインが異なる。入り口での引き換えが多いが、事前送付の場合も。
5	1日券／通し券	複数日開催されるフェスは、1日券や2日券、通し券というように参加日程にあわせたチケットが販売される。複数日開催でもそれぞれの日程ごとに1日券を購入する場合も。
6	早割／先行割／アーリーバードチケット	早く買えば買うほど、金額が安くなる早割や先行販売割引を行うフェスも多く、そこでしか買えないプランやキャンプチケット、駐車券が販売されることもある。
7	チケットリセール（再販売）	フェス公式やチケット販売会社が、チケット購入後に都合が悪くなった人と、購入希望者をマッチングさせて、売り切れになったチケットを再販売するシステム。
8	シャトルバス	最寄駅・駐車場と会場間を往復するバス。有料の場合や予約が必要な場合もあるので事前にチェック。終演後は混み合うので時間に余裕を持って予定を立てよう。
9	オフィシャルツアー	フェスが公式に用意しているツアープランのこと。各都市発着バスツアーや宿泊プランがある。初参加の人や交通ルートを調べるのが面倒な人におすすめ。詳しくはP.35をチェック!

10	ガイドライン	会場内での基本的なルールがまとめられたもの。フェスによって細かいルールが異なる。持ち込みできるものや撮影についてなど、年によってルールが変わることもある。
11	物販	フェス関連グッズやアーティストグッズが買える場所のこと。フェスによっては、1時間以上並ぶことも。
12	クローク	荷物を預ける場所のこと。大規模フェスでよく設置されている。グッズを購入した場合や遠方から参加の場合は便利。出し入れ可能かどうかはフェスによって異なる。
13	ブース	フェス会場のなかには、飲食店や協賛企業のブースが展開されている。地元関連のブースを見かけることも多く、観光情報やローカルなお土産がゲットできることも。
14	フェス飯	フェス会場で食べられるご飯のこと。1,000円前後で食べられるものが多く、近年はどのフェスもフードのレベルが高くなっている。おすすめのフェス飯はP.132-133をチェック！
15	キャンプサイト	会場内、もしくは会場に隣接した場所に展開されているキャンプ泊が可能なエリアのこと。入場チケットとは別にキャンプチケット購入が必要な場合が多い。

16	ラインナップ	フェスに出演するアーティスト一覧のこと。多くのアーティストが出演するフェスでは、数カ月前から複数回に分けて、出演アーティストが発表される。
17	アクト	出演アーティストによるライブのこと。ステージの最初と最後に出てくるアーティストのアクトを、それぞれオープニングアクト／クロージングアクトと呼ぶ。
18	転換／セットチェンジ	アーティストのライブ終了後、次のアーティストと入れ替わるために、機材やステージをセッティングする時間のこと。
19	リハーサル／リハ	通常のライブと違い、時間のないフェスでは、アーティスト本人たちが出てきて機材チェックや音響の確認（＝リハーサル）をすることも。リハでの演奏にも注目。
20	入場規制	会場の収容人数を超えた場合には、規制が行われ会場に入ることができない。屋内やライブハウスで行われるフェスで起こりやすい。早めの入場や移動がベター。
21	モッシュ／ダイブ	ライブ中に激しく飛んだり、体をぶつける「モッシュ」、観客やアーティストに飛び込む「ダイブ」などは、フェスによっては即刻退場になる場合もあるので注意。
22	MC	楽曲を演奏する合間の時間に行われるトークのこと。フェスは時間が限られているので、短いMCになることが多いが、今後の予定や新作の告知が発表されることもある。
23	オンライン配信	フェスでのライブを観ることができるオンライン配信がコロナ禍を経て一般化。インタビューやフェス紹介など、配信のみの企画が用意されていることもある。

FASHION

おしゃれをしてフェスを最大限楽しむ！

暑さや寒さにやられて、
せっかくのライブを楽しめない…
なんてことのないように。
フェスのタイプ別おすすめ
ファッションをご紹介します。

靴は履き慣れたものがベター

動きやすさ重視

ライブをがっつり楽しみたい人は、とにかく動きやすさが大事。また、夏は汗をたくさんかくので、乾きやすい生地や涼しい素材だとより快適に過ごせる。余裕があれば着替えの準備もあると◎

足首を守れる靴下も意外と大事！

ロックフェスSTYLE

ROCK FES STYLE

ロック系のフェスでは動きやすさを重視したスタイルがおすすめ。
お揃いコーデやグッズコーデも定番だが、
おしゃれだけでなく、機能性も重視してアイテムを選ぼう。

matching coordinate

お揃いコーデ

同行者や家族とお揃いのファッションで気分を高めるのもフェスならでは。フェスについて事前に話し合うところからフェスは始まっている!?

大人数なら、色のトーンをあわせるのも◎

推しのアーティストグッズでテンションUP!

タオルは汗拭きにもお土産にも最適

festival merch
グッズコーデ

フェス公式やアーティストのグッズ
を身に着けると、一気にフェス気分
を高められる。最近はグッズの事前
販売を行うフェスも増えたので、現地
で並びたくない人は利用してみよう。

事前に買っておくと、当日身に着けて行ける

なかには
コスプレをして
参加する猛者も!

全国各地の
フェスで見かける
パンダマンさん

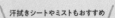

POINT

夏場は徹底した
熱中症対策を!

汗拭きシートやミストもおすすめ

夏休みや長期休暇がある7〜9
月は、1年のなかでも大型フェス
が多く開催されるフェスシーズ
ン。水分や塩分による熱中症対
策に加えて、服装での対策も万全
に。直射日光を防ぐタオルや帽
子もお忘れなく。

©KiU

画像提供：KiU、Festival Life

11

都市型フェスSTYLE

CITY STYLE

アクセスの良い都市部で開催されるフェスは、
街に出かけるときと同じような服装でOK。
小物やバッグやアクセサリーなど、
いつもより派手なものを選んでみては?

サングラスや帽子などでフェス感UP!

暑い夏フェス

summer style

夏の都市型フェスは、暑さ対策が最も重要。帽子やサングラス、タオルなどを使って熱中症にならないように注意しよう。雨が降っても逃げ場のあるフェスの場合は、荷物を少なくして身軽にしておくと快適に過ごせる。

冷え込むときに着脱しやすいアウターを

涼しい秋フェス

autumn style

お洒落な参加者が多いのも秋フェスの特徴。ただし夏フェス並に気温が上がることや、夜は一気に冷え込んで長袖必須というようなこともあるので、天気予報をしっかりチェックして服装を決めよう。

音楽ジャンル別

最近は、ダンスミュージック、ヒップホップ、ジャズなど、ジャンルに特化した音楽フェスも増えている。なかでもEDMやヒップホップを主体としたフェスでは、その特徴を活かしたファッションの参加者が多い。

ヒップホップフェスで見つけたお洒落さんをスナップ！

EDM

HIP HOP

©ULTRA JAPAN 2023

フェスでとにかく大事なのは"足元"

フェスではステージ間の移動で普段以上に歩くので、とにかく歩きやすい靴を選ぼう！都市型フェスでも、土や芝生が多い会場だと、前日までの雨の影響などで足元が悪いことも。そんなときは防水タイプや汚れても気にならない靴を履いて参加しよう。

履き慣れたものがベスト
靴下とのコーデも楽しもう！

スニーカー

雨の場合は長靴もあり

長靴

天気を気にせずOK
防水スプレーも有効

防水シューズ

かかとまで固定される
タイプがおすすめ

サンダル

画像提供：ULTRA JAPAN、Festival Life

CAMP/ OUTDOOR STYLE

一日中、自然のなかで過ごす
野外フェスでは、気温や天気の変化に
対応したファッションが肝心。
万全の準備と
天気予報をしっかりチェック!

summer camp
夏キャンプ

天候の変化に備えて、乾きやす
い素材や防水・撥水加工のアウ
ターも準備しておくと重宝する。
足元はしっかりとした履き慣れ
たものがベター。

肌寒い夜露対策のほか、顔まわりは虫対策も念入りに

フェス好きモデルの
武居詩織さん
@フジロック

雨予報の場合は、防水の雨具を準備しよう。撥水ではなく防水だとより安心。

autumn camp
秋キャンプ

夏に比べて快適に過ごせることもあり、秋は全国各地でキャンプフェスがたくさん開催される。昼間は過ごしやすいが、朝夕が冬のような気温になることもあるので、寒暖差に対応できる準備を。

▶ POINT

寒暖差対策は"重ね着"がおすすめ

冷え込むことを考えて着込み過ぎると、日中の
想定外の暑さにやられてしまうことも。体温
調節が難しいフェスでは、Tシャツ、薄手のパー
カーやダウン、マウンテンパーカー、などの順
で重ね着をすると良い。着替えを持ち運ぶので、
バッグは少し大きめに。

荷物を減らしたい人は
折りたためるアウター
がおすすめ!

FASHION ICON LIST

各ガイドページのファッションアイコンを掲載。コーデを決めるときの参考にしてみて!

HOT 夏

COLD 春秋冬

ロックフェス **ROCK**	都市型フェス **CITY**	キャンプ・アウトドアフェス **CAMP/OUTDOOR**

[HOT+ROCK]

- 動きやすさ、特に足元は重要
- タオルは暑さ&汗対策に
- バッグには必要なものだけ

[HOT+CITY]

- 街に出かける格好でOK
- 帽子やサングラスで暑さ対策も
- 日焼け予防は念入りに

[HOT+CAMP]

- 朝夕の冷え込みを踏まえた準備を
- 場所によっては虫対策も
- 靴下やタイツも○

[COLD+ROCK]

- 昼と夜の気温差に注意した服装で
- 着脱しやすいアウターが便利
- クロークに預ける前提の服装で

[COLD+CITY]

- 夏と同じく季節にあわせた普段着でOK
- 野外では特に寒暖差に注意
- 春秋は日差し対策も忘れずに

[COLD+CAMP]

- とにかく寒さ対策を万全に
- ダウンやネックウォーマーも○
- 冬は使い捨てカイロも便利

本書の見方

本書は2024年3月までに開催された
情報を元に掲載しています。

① フェス名／エリア／時期／屋内外
直近開催の情報をベースとしています。主催者側の事情や、天候・災害などの事由から変更が発生する場合があるので、参加する場合は必ず該当フェスの公式サイトやSNSを確認してください。

② こんな人におすすめ
そのフェスの特徴や傾向と、自分の気分やスタイルをマッチングさせるための情報です。

③ ファッションアイコン
フェスの服装の特徴を大別して、イラスト（P.15に一覧あり）で表しています。さらに、服装における主な注意点も掲載しています。具体的な服装の基準については、ファッションページ（P.10）やFestival Lifeのスナップ写真、公式SNSなどを見て、過去の参加者の服装を確認しましょう。

④ フェスのポイント
大まかにそのフェスの特徴を知ることができます。本書に掲載されているフェスをまず一通り知りたい時は、ここだけを読み進めるのもおすすめです。なお、リスト形式で紹介しているフェスには本枠は設けておりませんのでご了承ください。

⑤ チケット
直近開催の情報をベースとしています。例年の傾向および金額相場を明記しています。金額は1日券、2日券、通し券など、フェス単体のチケットをベースとしていますが、情勢によって相場から外れる可能性もあるのでご注意ください。

⑥ アーティスト
原則として、直近開催の情報をベースとしています。各フェスの出演アーティストの傾向を掴めるようにするため、代表的なアーティストのみを選定して掲載しています。

⑦ アクセス
直近開催の情報をベースとしています。およそ一般的なルートを調査したうえで掲載していますが、詳細なアクセスについては各フェスの公式サイトを確認してください。なお、開催場所が変更になった場合は、改めて交通ルートを確認してください。

⑧ ステイ（宿泊）
直近開催の情報をベースとしています。フェス会場から近隣の宿泊施設の多いエリアについての情報の他、キャンプサイトがある場合にはその情報を掲載しています。

⑨ 寄り道スポット
フェスの前日・翌日に立ち寄るべきおすすめの場所や、フェスから派生したイベントなどを紹介しています。ここに立ち寄れば、そのフェスや開催地域をさらに楽しめること間違いなし！

⑩ 主催者コメント
主催者、企業・団体、アーティスト、実行委員会など、フェス開催の中心となる方からのコメントを掲載しています。アーティスト主催フェスの場合は、アーティスト本人からのコメントが載っていることもあるのでぜひ探してみてください。

Pick up
Festivals

ピックアップフェス

日本を代表する大規模フェス。
長年愛され続けるその背景には
コンセプトや環境づくりのこだわりが感じられる。

FUJI ROCK FESTIVAL

【フジ ロック フェスティバル】 https://www.fujirockfestival.com/

📍 エリア **新潟県 湯沢町 苗場スキー場**　　⛺ 時期 **7月下旬**　　🏠 屋内外 **野外**

こんな人におすすめ **大自然のなかで世界トップクラスの音楽を朝から晩まで浴びたい人**

山の天候は
変わりやすい
雨対策&夜の寒さも
万全に

日本の音楽フェスの先駆け！
世界中から200組以上のアーティストが出演！

© 宇宙大使☆スター

日本の音楽フェス文化の礎を築いたフジロック。1997年に山梨・富士天神山でスタートしたが、1999年に新潟・苗場に移転し現在に至る。スキー場という広大な敷地を活かし、10以上のステージに、例年200組以上のアーティストが出演。海外のトップアーティストから次世代を担う国内のニューカマーまで、多種多様な音楽を緑溢れる大自然のなかで楽しめる。最近は海外からの参加者も増え、日本を代表するフェスとして人気を博している。

DATA

TICKET

早割販売は春ごろ。完売する年もあるため、早めに購入しておきたい。22歳以下はお得な UNDER22 もおすすめ。入場券：約18,000〜55,000円（1〜3日間）、中学生以下無料*

ARTISTS

THE STROKES、FOO FIGHTERS、LIZZO、ELLEGARDEN,WEEZER、LOUIS COLE、IDLES、矢沢永吉（2023年開催時）

ACCESS

JR東日本「越後湯沢駅」から有料シャトルバスで約40分。車の場合は関越自動車道「湯沢IC」から30分。「月夜野IC」からは約50分。全国19都市からのツアーバスも。

STAY

近隣にはホテルや民宿もあるが、朝から晩まで音楽を楽しみたい＆コスト的にお得なのはキャンプ泊（キャンプサイト券：約5,000円／1名）。

POINT

- 朝から真夜中まで、音楽が鳴り続ける
- 南北最長約4km!広大な自然環境のなかでのフェス
- 開催中参加者の多くが寝泊まりするキャンプサイト

本ページは2023年度開催時の内容に準じています。最新の情報はフジロック・フェスティバルオフィシャルサイトをご確認ください。

＊保護者同伴に限る

大規模で自然豊かなグリーンステージ！
奥地にも個性的なステージが多数！

メインの「GREEN STAGE」は、緑に囲まれた巨大なステージ。他にも音響に定評のある「WHITE STAGE」や早朝5時までライブが楽しめる「RED MARQUEE」、一番奥にある独特の雰囲気が人気の「FIELD OF HEAVEN」など、各ステージが個性を持っているのもフジロックの魅力。

04 APR.

05 MAY

06 JUN.

07 JUL.

08 AUG.

09 SEP.

10 OCT.

11 NOV.

12 DEC.

01 JAN.

02 FEB.

03 MAR.

©Sotarou Shimizu

©宇宙大使☆スター

一番近い宿泊場所はキャンプサイト。ゆったり過ごせるエリアも

会場周辺にはホテルや民宿もあるが、ステージに一番近い宿泊場所はキャンプサイト。エリアの奥にある「PYRAMID GARDEN」はツアーバス利用者専用キャンプサイトで、ライブだけでなく、ヨガやワークショップなども開催され、ゆったり過ごせるエリアとして人気。事前予約必須なので前もって予約をしておこう。一般キャンプサイトは、オープンが前夜祭の正午からなので早めから並んでおくと◎

©宇宙大使☆スター

朝に行われるヨガは格別！
スッキリ気分で
フェスを楽しめる！

© 宇宙大使☆スター

音楽だけでなくフェス飯も 一級品!フジロック名物も多数

一番大きなフードエリア「OASIS」には、地元の観光協会が運営する苗場食堂の「とろろ飯」や「きりざい飯」、他にも越後の「もち豚」や「地鮎の塩焼き」などの定番フードに加え、全国から選りすぐりのフェス飯が集う。また、環境保全を大切にしているフジロック。細かいゴミの分別など、エコの意識は大切に。

「Yellow Cliff」「ORANGE CAFÉ」など、他にもフードエリアが充実

道の途中にある小さなステージには、誰でも演奏可能なピアノが

© 宇宙大使☆スター

歩いているだけで誘惑が… "無駄や遊び"もフジロックの魅力

ステージ間を移動していると、森のなかの装飾や夜のライトアップ、さらに有志によって作られたボードウォークにはフジロックの想いがつまったコメントが書かれていたりと、様々な場所でふと足を止めたくなるようなポイントがたくさん。フジロックの創始者・日高正博氏がいろんなところで語っている、「一見無駄に見えるような遊び」の部分こそがフジロックの醍醐味。

ゴンドラでしか行けないステージや 夜だけ登場するステージも

世界最長のゴンドラ「ドラゴンドラ」で20分以上かけて到着する「DAY DREAMING」は会場内でもっとも標高が高く、涼しくて気持ちがいい。また、エントランスの手前にある「PALACE OF WONDER」(通称「パレス」)は夜になるとライトアップされ、ライブやサーカスなどが楽しめる大人の社交場。翌朝まで楽しめるうえに、チケットがなくても楽しめるおすすめエリアだ。

右上:© Daiki Miura　中央:©宇宙大使☆スター

入場無料の前夜祭！
大抽選や地元の盆踊りも楽しめる！

フェスのスタートは金曜日からだが、木曜日には前夜祭が行われ、夕方から会場に入ることができる。盆踊りや豪華賞品が当たる抽選会、さらに当日に出演者が発表されるライブ、締めには花火も…！こんな盛りだくさんな内容にも関わらず入場は無料！フジロックの当日とはまた違う雰囲気が楽しめるので、全力でフジロックを楽しみたい人は前日から苗場に IN ！

© 宇宙大使☆スター

フジロックの YORIMICHI

大爆おにぎり

フェス前に一杯！お土産にも最適！
ぽんしゅ館 越後湯沢驛店

新幹線や電車でフジロックに向かう人は越後湯沢駅にある「ぽんしゅ館 越後湯沢驛店」に立ち寄ってみよう。唎酒はもちろん、酒風呂でリフレッシュもできるので、お酒好きにぴったりのスポット。お土産コーナーには地酒だけでなく、化粧品やお酒関連グッズもあるので現地でお土産を買いそびれたらここでゲットするのもあり。名物の大爆おにぎりも絶品！

INFO
⌂ ぽんしゅ館 越後湯沢驛店
⌂ 〒949-6101 新潟県南魚沼郡湯沢町湯沢2427-3
☎ 025-784-3758 🕘 9:30 ～ 19:00（変更の可能性あり）
🌐 https://www.ponshukan.com/yuzawa/

会場周辺には温泉がたくさん！
帰りに足湯でまったりも

越後湯沢～苗場には、多くの温泉施設があるのでフェスで疲れた身体を癒すのに最適。会場から徒歩圏内にある「三国峠温泉 御宿本陣」はフジロック期間中も日帰り利用ができるので、キャンプ泊や 1 日券で朝まで遊んだ人におすすめ。温泉までは時間が取れない人は、越後湯沢駅周辺に足湯があるので、帰りに立ち寄ってみては？

INFO
⌂ 三国峠温泉 御宿本陣
⌂ 〒949-6212
新潟県南魚沼郡
湯沢町三国378
☎ 025-789-2012
🕘 9:00 ～ 18:00

フジロックに出店していたお店の
「本場」に行ってみよう！

フジロックには全国各地から個性的なお店がたくさん出店している。フジロックロスに陥りがちな 8 月以降には、そんなお店に足を運んでみるのもおすすめ。店員さんとフジロック話で盛り上がれるかも!? 例えばコーヒーなら、東京・代々木／富ヶ谷「リトルナップ」や、大阪・南船場「タソガレコーヒースタンド」は、フジロックファンが訪れることが多い人気店！

INFO
⌂ Little Nap COFFEE STAND
（リトルナップ
コーヒースタンド）
⌂ 〒151-0053
東京都渋谷区代々木5-65-4
☎ 03-3466-0074
🕘 9:00 ～ 19:00

主催者コメント ／ 地元自慢の選び抜かれた美味しいフェス飯とお酒、映画にアートに落語から、小さいお子様も楽しめるワークショップまで。忘れられない最高の夏休みを保証します！
株式会社スマッシュ　半田夕子

04 APR.
05 MAY
06 JUN.
07 JUL.
08 AUG.
09 SEP.
10 OCT.
11 NOV.
12 DEC.
01 JAN.
02 FEB.
03 MAR.

ROCK IN JAPAN FESTIVAL

【ロック イン ジャパン フェスティバル】 https://rijfes.jp/

📍 エリア **千葉県 千葉市蘇我スポーツ公園** 時期 **8月上旬** 屋内外 **野外**

こんな人におすすめ **人気アーティストのライブを一気に観たい人**

暑さ対策&
動きやすさ重視の
服装で参加しよう!

**日本最大のロックフェス!
2週にわたり25万人以上が来場**

2000年にスタートした日本最大の野外音楽フェス。茨城県ひたちなか市で開催されていたが、2022年から千葉市蘇我スポーツ公園に移転。2週にわたり国内のアーティストが100組以上出演し、ニューカマーからレジェンドクラスまでロックを中心としつつ、様々なジャンルの音楽が楽しめる。「参加者が主役」をモットーとしているため、参加者の声を反映した環境整備やルール作りが行われており、快適に過ごせるのでフェス初心者にもおすすめ。

DATA

TICKET

春ごろから先行販売を開始。先行販売の受付は公式アプリ「Jフェス」のみで行われるため、事前にアプリをダウンロードしておこう。入場券：約15,000円（1日券）

ARTISTS

YOASOBI、あいみょん、RADWIMPS、Ado、back number、Vaundy、関ジャニ∞（現SUPER EIGHT）、WANIMA、THE ORAL CIGARETTES、ゆず（RIJF 2023出演者）

ACCESS

JR「蘇我駅」より徒歩8分。JR「千葉駅」「千葉みなと駅」、京成線「千葉寺駅」より無料シャトルバスあり（約12〜20分）。駅周辺は混雑するため、時間に余裕をもって来場しよう。

STAY

会場付近やシャトルバス発着駅周辺の宿泊施設は早めの予約が必要。会場直結のアクセスバスツアーや宿泊プランを利用するのもおすすめ。

POINT

- 旬の国内アーティストを一気に堪能できる
- 最寄り駅から徒歩8分!アクセス良好の都市型野外フェス
- 快適さを追求した環境作りでフェス初心者にも最適

©ROCK IN JAPAN FESTIVAL 2023

近かいきうステージで交互にライブ!

「ライブをたくさん観たい」という要望をそのまま実現
したステージ構成になっているのがロック・イン・ジャ
パンの最大の特徴。メインとなる「LOTUS STAGE」と
「GRASS STAGE」は向かい合って配置されていて、交
互にライブが行われるので移動が楽。ステージ前フェ
ンスは自由観覧になっているため、事前に公式サイトで各
エリアをチェックしよう。

ステージは全面芝生!
休憩スペースも充実

スポーツ公園で行われる会場は芝生エリア
が多く、快適に過ごせる。特に各ステージ
エリアはサッカーなどで使われる広い芝生
のフィールドで、後方はゆっくり座ってライ
ブを観ている人も多い。また、休憩スペー
スも多く、ステージ後方のテントやフクダ
電子アリーナのスタンドが開放されている。
他にも、参加者や現場スタッフの意見を吸
い上げて、開催中に動線や配置を調整する
など、そういった運営の努力が快適なフェ
スに繋がっている。

グッズ購入後に更衣室で着替
えも可。事前予約もおすすめ

更衣室が用意されているので、Tシャツや
パンツなどを購入した際はすぐに着替えら
れる。着替えた服や他のグッズを持ち歩
きたくないときはクロークも活用しよう。
また、ロック・イン・ジャパンらしさを感
じられる「ROCK」の文字をあしらったグッ
ズや人気クリエイターやキャラクターとの
コラボグッズなどラインナップが豊富。事
前予約を利用すれば、グッズ購入の時間を
節約できる。

illustration
by mizusu

illustration by Seiji Matsumoto

04 APR.

05 MAY

06 JUN.

07 JUL.

08 AUG.

09 SEP.

10 OCT.

11 NOV.

12 DEC.

01 JAN.

02 FEB.

03 MAR.

ハム焼®／五浦ハム

往年の名物もバラエティに富んだフェス飯を楽しもう

ひたちなか時代から愛され続けているフェス飯も多く、五浦ハムの「ハム焼®」や酒趣 SYU-SYU の「メロンまるごとクリームソーダ」は連日長蛇の列ができる人気メニュー。並びたくない人は午前中や夕方が狙い目。さらに色とりどりのアイスクリームやかき氷、スムージーなど、見た目が映える＆暑さをケアできるフードも多い。

いちごけずり®／リトルジュースバー

メロンまるごとクリームソーダ／酒趣 SYU-SYU

肉とアボカド！ステーキタコライス／高円寺アボカド食堂

しいたけ中標津チーズ焼き／北海道中標津しいたけ「想いの茸」

フォトスポットや
メッセージボードで夏の思い出を！

会場内にはフォトスポットが多く、巨大な「ROCK」のオブジェや「ROCK IN JAPAN FES.」の文字看板などは定番スポット。会場内を撮影する際は、昼時の東西南北を見渡せる広大な空と緑の芝生のコントラストもきれいだが、夕方のマジックアワー（日没後の数十分）は会場がオレンジの光に染まって雰囲気が変わるのでおすすめ。また、恒例のメッセージボードに自分が来たことを記録すると、来年も行きたくなるかも！他の人のメッセージを読むだけでも楽しめる。

夜のライトアップも
写真映えして
おすすめ！

04 APR.
05 MAY
06 JUN.
07 JUL.
08 AUG.
09 SEP.
10 OCT.
11 NOV.
12 DEC.
01 JAN.
02 FEB.
03 MAR.

ロック・イン・ジャパンの YORIMICHI

フェス会場横にある練習場で Jリーガーに会えるかも!?

会場となる千葉市蘇我スポーツ公園に隣接した「ユナイテッドパーク」はJリーグ ジェフユナイテッド市原・千葉の練習場。日によっては選手のトレーニングやトップチームの練習も見学可。オフィシャルショップ「12JEF」ではグッズも購入できる。練習日程や店舗の営業スケジュールは、ジェフユナイテッド公式サイトをチェック!

ジェフユナイテッド× RIJF *の コラボ T シャツも!

©JEF UNITED

INFO
UNITED Park(ユナイテッドパーク)
オフィシャルショップ 12JEF(ワントゥージェフ)
⌂ 〒 260-0835 千葉県千葉市中央区川崎町 1-38 ☎ 043-305-1286
🕐 10:00 〜17:00(オフィシャルショップ)※定休日:毎週月曜日
🌐 https://jefunited.co.jp/ ＊2023年デザイン

大人も子どもも楽しめる動物園

JR 千葉駅から千葉都市モノレールに乗って約10分の場所にある「千葉市動物公園」。公園内では、県内唯一のチーターやブチハイエナ、立ち姿が美しいと有名になったレッサーパンダの風太くんと会える。さらに乗馬体験やエサあげ体験、カフェや BBQ ができるスペースもあり、大人も子どもも楽しめる人気スポット。遠方から泊まりで参加する人&ファミリーにおすすめ。

INFO
千葉市動物公園
⌂ 〒 264-0037
千葉県若葉区源町 280 番地
☎ 043-252-1111 🕐 9:30 〜
16:30(入園は 16:00 まで)※休園日:毎週水曜日(水曜日が祝日の場合は翌日)、年末年始(12月29日から1月1日)

いつもキュートな
風太くん

画像提供:千葉市動物公園

東京湾〜房総半島を一望できるタワー 千葉の名産品もゲット!

JR 千葉駅、JR 千葉みなと駅、京成線蘇我駅からは無料シャトルバスが運行しているので、蘇我駅周辺の混雑を避けたい人はこちらを利用しよう。なかでも千葉駅周辺は、飲食店や宿泊施設、お土産屋さんも多く、観光するうえで楽しいところがたくさん。また、JR 千葉みなと駅には、「千葉ポートタワー」があり、地上 113m の展望フロアから東京湾〜房総半島を一望できる。

INFO
千葉ポートタワー
⌂ 〒 260-0024 千葉県千葉市中央区中央港 1 丁目千葉ポートパーク内
☎ 043-241-0125 🌐 https://chiba-porttower.com/ ※最終入館は閉館時間の 30 分まで※営業時間、休館日は公式サイト参照

運営事務局 コメント ／ ロック・イン・ジャパンが 25 周年を迎える 2024 年は、蘇我とひたちなかの 2 箇所で合計 10 日間開催します!

ROCK IN JAPAN FESTIVAL 事務局

RISING SUN ROCK FESTIVAL

【ライジング サン ロック フェスティバル】 https://rsr.wess.co.jp/

📍エリア **北海道 石狩湾新港樽川埠頭横特設ステージ**　⏳時期 **8月中旬**　🧍屋内外 **野外**

こんな人におすすめ　**キャンプをしながら夜通し音楽を楽しみたい人**

夜～朝方は
冷え込むので
防寒具を忘れずに

石狩の朝日を拝んで幕を閉じる！
日本で数少ないオールナイトフェス

1999年に始まった北海道最大級の野外フェス、ライジングサン。ロックからダンスミュージック、フォークなど、様々なジャンルの国内アーティストが出演する。メインを含める複数のステージの後方がキャンプサイトになっており、テント泊を楽しみにしている人が多い。ライジングサンという名の通り、最終日の夜をオールナイトで過ごし、大トリのライブを観ながら朝日を浴びる。お盆の開催だが、最終日を大晦日と例えるなら、翌朝はまさに年越し！

POINT

- 2日目はオールナイト！大トリのライブで朝日を浴びる
- キャンプもライブも満喫！過ごし方は自由自在
- 北海道グルメが集結！美味しい海産物＆農産物を味わえる

DATA

TICKET

春ごろから先行販売がスタート。開催がお盆休み期間のため、交通機関のチケットも早めに入手しておくと安心。入場券：約14,000～29,000円（1日～2日券）

ARTISTS

MONGOL800、マカロニえんぴつ、電気グルーヴ、10-FEET、七尾旅人、ストレイテナー、エレファントカシマシ、ハナレグミ、LOVE PSYCHEDELICO（2023年開催時）

ACCESS

南北線「麻生駅」から有料シャトルバスが運行（片道900円／約30分）。新千歳空港やJR「札幌駅」からもバスが出ている。1日参加の場合も深夜のミッドナイトバス（札幌駅行き）がある。

STAY

ホテル泊の場合は札幌・すすきの周辺のホテルに宿泊するのが◎。キャンプ泊の場合は事前にテントサイト付き通し券の購入が必要（約38,000～48,000円）。

©RISING SUN ROCK FESTIVAL　photo by n-foto RSR team

朝日と夕陽が最高の演出を
見せてくれる「SUN STAGE」

エントランスの橋を渡ってまっすぐ歩くと見えてくるのが、3万人収容のメインステージ「SUN STAGE」。上手から下手まで横に広く続くこのステージには、日本を代表するアーティストが次々と登場する。2日目の夜に上がる花火やライジングサンの象徴である朝日をみんなで拝むのもこの「SUN STAGE」。"北海道の大空×石狩平野"という大自然ならではの雄大な演出でライブがより華やかに！

北海道グルメを満喫！

道産の食材は天下一品！
フェス飯の充実度が抜群

ライジングサンを語るうえで欠かせないのが、フェス飯の充実度！石狩の名物料理を取り揃えた「石狩市場」、小樽の味が楽しめる「小樽横丁」など、フェス会場内にも関わらず、ジンギスカン、ラーメン、海鮮、スイーツなど、北海道グルメを堪能できる。2日間では食べ尽くせないので、逃してしまったグルメは、ぜひ開催後の北海道観光で。

04 APR.

05 MAY

06 JUN.

07 JUL.

08 AUG.

09 SEP.

10 OCT.

11 NOV.

12 DEC.

01 JAN.

02 FEB.

03 MAR.

27

好きなステージ近くの
キャンプサイトを狙おう

会場内ではメインステージ後方をはじめ、様々な場所でテントを張ることができる。ただし事前にテント付き通しチケットを購入し、テントを設置するエリア・区画の事前抽選に参加する必要がある。そのため、希望の場所をゲットできるかは運次第。場所が発表されたら、タイムテーブルと照らし合わせながら、連日の行動を見据えておこう。運がよければ、自分のテントからステージが観られることも！

芝生や牧草の上に寝転がったり、
牧草ロールに乗ってみたり

会場中から溢れ出る
ライジングサン愛

だだっ広い土地に一からステージやエリアを作っていくということもあり、会場全体がまるでひとつの街のように感じられるのがライジングサン。エリアごとに個性があるが、どこもライジングサン愛と北海道愛のつまった装飾や演出になっている。北海道に最高の音楽を求めてやってくる人をその土地にちなんで「エゾロッカー」と呼ぶほど、その独特の雰囲気に魅了される人が後を絶たない。

夜のライジングサンには
また別の表情がある！

朝まで会場内で過ごす人が多いので、夜のコンテンツも充実している。夜通し繰り広げられるライブ以外に、サプライズのセッションやトークコンテンツ、他にもキャンドルによるライトアップ、怪談話、カラオケ大会、スナックなど、昼間とは違った雰囲気があるのが夜のライジングサン。北海道の夜は寒いので、防寒対策も忘れずに。

缶バッジから生まれる
コミュニケーション！?

オフィシャルグッズ販売エリアに設置されているガチャガチャは、出演アーティストやライジングサンのロゴがデザインされた缶バッジが当たる。その数なんと50種類以上！自分が欲しかったものが当たらなかったら、勇気を出して交換してくれそうな人を探してみよう。缶バッジきっかけでライジングサン仲間ができるかも！

祭太郎を追いかけて一緒に踊ろう
「いいんでないかい音頭」

ライジングサンの名物キャラ、祭の妖精・祭太郎。会場内をリヤカーで練り歩き、転換中にライブ待ちの観客を盛り上げる。夜には、北海道出身でライジングサン常連・怒髪天の増子直純氏が作詞・作曲した「いいんでないかい音頭」とともに盆踊り大会が開催される。祭太郎を見かけたら何かが起こるかも!? 追いかけてみるべし!

ライジングサンの YORIMICHI

ライジングサンの
歴史とともにあるPROVO

会場内にある PROVO エリアは、ライブやDJの他、飲食、服屋、雑貨屋、アート展示が並ぶ個性的なエリアとして、ライジングサン参加者から長く愛されている。ここを運営しているのが札幌に店舗を構える PROVO チームで、開催期間中はクローズしているが、前後は営業しているので、事前に公式 SNS などで営業日をチェックしてみよう!

翌日に疲れを持ち越さない!
朝から温泉に浸かって英気を養おう

会場が広大なので、移動距離が長くクタクタになってしまうことも…。そんなときは会場周辺の温泉に立ち寄ってみよう。車で来た人は、少し離れた温泉に行ってみるのもあり。「ていね温泉 ほのか」は館内が広く、子ども連れにも適した温泉。フェス終了後に、ゆっくり浸かりにいくのもおすすめ。

ていね温泉 ほのか

☎〒006-0012
北海道札幌市手稲区富丘2条3-2-1
📞011-683-4126 ⏰6:00
～2:00(露天風呂のみ
1:00 まで)※年中無休
※岩盤浴は 8:00 ～ 1:00

石狩の新名所
「ロイズカカオ&チョコレートタウン」

会場から車で約20分の場所に、北海道発のチョコレートメーカー「ロイズ」の体験型施設が 2023年にグランドオープン。工場見学やオリジナルチョコが作れるワークショップが体験できる。工場併設の直売店は、200種類以上のチョコレートや焼き菓子の他、限定のパンやピザ、ソフトクリームも味わえる。お土産選びや、キャンプ仲間への差し入れにも!

ロイズカカオ&チョコレートタウン

☎〒061-3775 北海道石狩郡当別町ビトエ 640-15
📞0570-055-612 ⏰10:00 ～
17:00(最終入場は 15:00 まで)
※不定休。状況により変動あり。
体験型施設は公式サイトよりネット予約・購入が必要

プロジェクトチーム コメント	日本初の、本格的邦楽オールナイト野外ロックフェスティバル!豊かな自然に囲まれた広大な敷地内で、存分にライブをキャンプしながら楽しめるキャンプインフェス。 RSR プロジェクトチーム

04 APR.
05 MAY
06 JUN.
07 JUL.
08 AUG.
09 SEP.
10 OCT.
11 NOV.
12 DEC.
01 JAN.
02 FEB.
03 MAR.

SUMMER SONIC

【サマー ソニック】 https://www.summersonic.com/

エリア 千葉県 ZOZOマリンスタジアム&幕張メッセ
大阪府 万博記念公園

時期 8月中旬　屋内外 屋内外

こんな人におすすめ 国内外の最先端の音楽を楽しみたい人

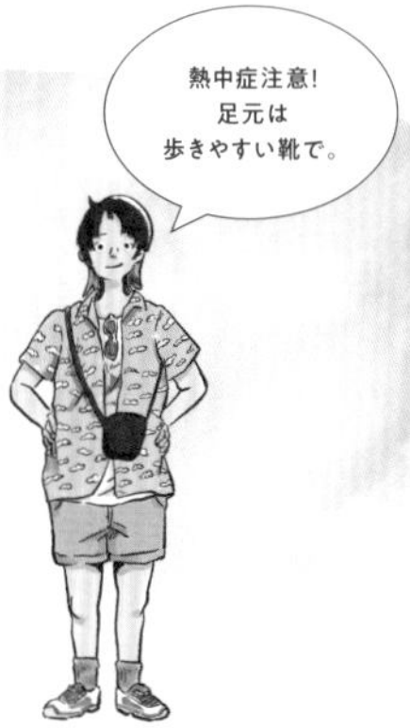

熱中症注意!
足元は
歩きやすい靴で。

日本を代表するフェスから アジアの人気フェスへ!

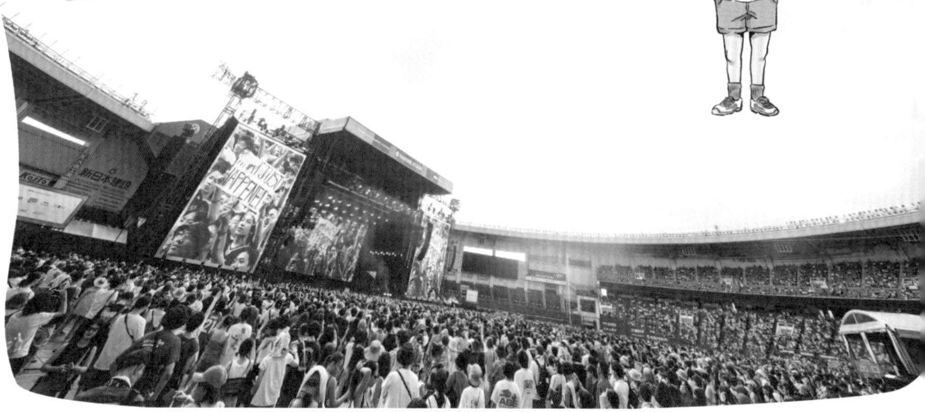

2000年に始まった日本、そしてアジアを代表するインターナショナルな都市型フェス、通称「サマソニ」。東京会場（千葉）と大阪会場の2カ所で開催され、同じアーティストが各会場で入れ替わる形で出演する。ロック、ヒップホップはもちろん、EDM、K-POP、アイドルなどその時代のトレンドを押さえたラインナップが魅力。2024年にはタイ・バンコクに進出。日本のみならずアジア各国での人気も高まっている。

POINT

- 世界中から“旬”のアーティストが集う
- 東京・大阪の2ヵ所開催なので全国各地から参加しやすい
- 休憩スペースも多くフェスデビューに◎

DATA

TICKET

クリエイティブマン会員先行、特典付きオフィシャル先行は春ごろに販売。同様に一般先行も春ごろに受付スタート。入場券：約20,000～37,000円（1日～2日券）*

ARTISTS

KENDRICK LAMAR、BLUR、NewJeans、LIAM GALLAGHER、SEKAI NO OWARI、YOASOBI、BABYMETAL、女王蜂、新しい学校のリーダーズ（2023年開催時）

ACCESS

東京：JR京葉線「海浜幕張駅」より徒歩5～15分。大阪：地下鉄御堂筋線（北大阪急行線）「千里中央駅」から、大阪モノレールに乗り換え、「万博記念公園駅」で下車。

STAY

開催日程が発表されるとすぐにホテル予約を取る人が多いため、会場の最寄駅周辺は激戦区。徒歩圏内の宿泊先確保が難しい場合は沿線の駅近ホテルを探してみよう。

＊詳細は Official Site をご確認ください

サマソニからヒットが生まれる!

サマソニ発でヒットするアーティストも多く、近年だとイタリアのロックバンド・MÅNESKIN（2022年）はサマソニでのライブが話題となり、日本での躍進につながった。他にも、ブレイク前の Billie Eilish や BTS が出演していた歴史もあり、今後世界的にヒットが期待されるアーティストを間近で観られることも。また、一般応募によるオーディション「出れんの !? サマソニ !?」は、MOROHA、神聖かまってちゃん、ROTH BART BARON らをいち早くフックアップするなど、若手の登竜門的存在になっている。

東京会場では
子ども向けライブも!

フェスデビューや初心者にも優しい会場設計

多様なジャンルが楽しめるということもあり、普段フェスに参加しない人や初心者も快適に過ごせるように、座席や休憩スペースが多く用意されている。東京会場には、屋内に広々としたキッズエリアもあるので子ども連れでの参加も安心。大阪会場は東京に比べるとコンパクトな作りで、ステージ間の移動しやすいのが特徴（2024年は舞洲から万博記念公園に移転）。

今後は海外展開も!

日本のみならず、海外からの知名度も高く、外国人の参加も急増しているサマソニ。特にアジアでの人気は高く、過去には上海で開催されたことがあるが、2024年はタイ・バンコクにて開催。今後のアジア展開にも期待が高まる。

04 APR.

05 MAY

06 JUN.

07 JUL.

08 AUG.

09 SEP.

10 OCT.

11 NOV.

12 DEC.

01 JAN.

02 FEB.

03 MAR.

ビーチステージで癒されよう!

東京会場は海に面したビーチステージがあり、海が似合うアーティストがラインナップされる。2023年には、星野源氏がキュレーションしたステージ「so sad so happy」もここで行われた。ライブ以外にも、スケートボードのランプブースでプロのプレイを楽しめたり、ビーチを見下ろすサウナスポットが設けられたりと、年々進化を遂げている。アクティビティ豊富なこのエリアで夏のひと時を味わってみては?

PACIFIC STAGE は
著者・津田昌太朗が
MC を担当

アジアシーンの
勢いを象徴するステージも

以前からアジア圏のアーティストは多く出演していたが、コロナ禍以降さらにその流れが加速しており、東京会場ではアジアをフィーチャーした「PACIFIC STAGE」を新設。2023年には、落日飛車 Sunset Rollercoaster（台湾）や MILLI（タイ）らが出演するなど、アジアを超えて活躍するアーティストが多く登場する注目のステージだ。

直射日光には
十分注意

画像提供：Festival Life

屋外では暑さ対策を万全に!

真夏の開催ということもあり、最高気温が 35℃ を超える年もある。お目当てのアーティストを観るために、屋外で長時間過ごす場合は、水分＆塩分補給の他、帽子やタオル、サングラスなどで熱中症対策を忘れずに。

専用 Viewing Area で
ゆったり

プラチナチケットでさらに快適に

様々な優遇があるプラチナチケット。このチケットを購入すると、ステージ前方でライブを観ることができる「Viewing Area」や専用のラウンジやクロークも使用可能に。他にもグッズ購入の優先レーンや専用トイレなど、1日を通して快適に過ごすことができる。体力が不安な人や熱中症が心配という人は利用してみるのもあり。東京会場では、マリンスタジアムと幕張メッセを繋ぐシャトルバスも利用できる。

04 APR.
05 MAY
06 JUN.
07 JUL.
08 AUG.
09 SEP.
10 OCT.
11 NOV.
12 DEC.
01 JAN.
02 FEB.
03 MAR.

サマソニの YORIMICHI

開催前

出演アーティスト事前ライブや
前日のソニマニで盛り上がろう!

「SUMMER SONIC EXTRA」と称して、サマソニ開催前に、一部の来日アーティストの単独公演が行われるので、じっくりライブを楽しみたい人は足を運んでみよう。またサマソニ東京の前日には、オールナイトフェス「SONICMANIA(ソニマニ)」が開催される。この規模でのオールナイトフェスは稀で、ソニマニのみに参加するダンスミュージックファンも多い。

開催後

開催後の単独公演もアツい!
アフターパーティーも

事後の来日アーティストの単独公演は、サマソニのライブを受けて、フェス開催期間中にチケットがソールドアウトすることも。また都内ではアフターパーティーも開催されており、リストバンド提示でフリーで入場可能。サマソニ出演アーティストが飛び入り参加することも!?

※写真は SUMMER SONIC 2023

2023年は
YOSHIROTTEN
「SUN」の展示も

開催期間中

音楽だけじゃない!
世界基準のアートも堪能

開催期間中には音楽ライブだけでなく、会場内外でアートを楽しめるのもサマソニの特徴。人気アーティストの作品や会場装飾、ライブペインティングなども。大規模なアートプロジェクトも展開されている。

主催者
コメント

世界中の音楽シーンを賑わすアーティストを一堂に集めるインターナショナルフェス!
クリエイティブマンプロダクション 平山善成

いろいろ
ありすぎて選べない!

フェスの選び方

様々なジャンルやテーマで、1年を通して全国各地で開催されるようになった音楽フェス。
基本的なフェスの選び方に加えて、楽しみ方やスタイルにあったフェスタイプをご案内!

基本的なフェスの選び方

音楽 で選ぶ ▶▶▶
- ✔ アーティストの公式サイト、SNSで出演フェスをチェック
- ✔ アーティストやレーベルが主催しているフェスを調べる
- ✔ ダンス、ヒップホップ、ジャズなどのジャンル別フェスを調べる

時期 で選ぶ ▶▶▶
- ✔ まずは自分のスケジュールにあわせて時期を決める
- ✔ 夏フェスだけでなく、最近は春フェスや秋フェスが増加傾向

場所 で選ぶ ▶▶▶
- ✔ 自分の住んでいるエリアや馴染みの場所で開催されるフェスを探す
- ✔ 行ってみたい・旅行してみたい場所からその近辺のフェスを探す

それでもまだ選べないなら!

タイプ別フェスまとめ

大規模ロックフェス

ロック系

人気バンドのライブを観て
踊りたい!動き回りたい!

公園や大型施設などを広く使って行われるロックフェス。開放感を求めるなら野外フェスで大音量のロックに身を委ねよう!春や冬には、ホールなどの屋内会場での開催も多く、天候を気にせず楽しめる。

ex.：ROCK IN JAPAN FESTIVAL (P.22)、VIVA LA ROCK (P.40)

サーキットフェス

ロック系

今が旬のアーティストや
期待のニューカマーを一気に観たい!

主にライブハウス、時にはカフェやストリートなど、街なかの複数会場で開催される周遊型（＝サーキット）フェス。今話題のアーティストやこれからフェスで活躍する若手をチェックするのに最適!

ex.：Music Lane Festival (P.125)、SYNCHRONICITY (P.52)

ジャンル特化型フェス

都市型

ひとつのジャンルに
特化して楽しみたい

ダンスミュージック、ヒップホップ、ジャズなど、ひとつの音楽ジャンルに特化したフェスも近年増加傾向に。似た系統のアーティストが一堂に会すだけでなく、参加者もコアなファンが多いのが特徴。

ex.：POP YOURS (P.49)、ULTRA JAPAN (P.88)

オールジャンルフェス

都市型

ジャンルにこだわらず
フェス全体を楽しみたい

音楽のジャンルを絞らず、様々なアーティストが出演するオールジャンルタイプのフェス。アクセスの良い都市部で開催されることが多く、フェス初心者や家族連れなど幅広い層に好まれている。

ex.：GREENROOM FESTIVAL (P.42)、日比谷音楽祭 (P.51)

キャンプ泊タイプ

アウトドア

自然の中で音楽と
キャンプの両方を満喫したい

宿泊可能なキャンプサイトが用意されているフェスは、期間中、ずっとフェス会場に滞在することができる。ホテル宿泊に比べて、費用も抑えられることに加え、キャンパー用のコンテンツが用意されていることも!

ex.：New Acoustic Camp (P.90)、FUJI & SUN (P.48)

ホテル泊タイプ

アウトドア

野外フェスは好きだけど
キャンプは少し苦手…

キャンプのイメージが強いフェスでも、会場周辺や駅の近くにはホテルや旅館などの宿泊施設がある場合が多い。フェス自体は自然のなかで楽しみつつ、夜はゆったりくつろぎたい人は宿を確保しよう。フェス前後の観光にも最適。

ex.：FUJI ROCK FESTIVAL (P.18)、ARABAKI ROCK FEST. (P.38)

How to choose

フェスの行き方

スムーズに会場入りしたい、人数に見合った手段を選びたい！
交通手段ごとの特徴を紹介します。

🚗 車／レンタカー

こんな人におすすめ
● 終電を気にせず、好きな時間までフェスを楽しみたい
● 道中に観光名所やお店に立ち寄りたい

GROUP：3〜8人（団体、ファミリーなど）

COST：
• ガソリン代
• 高速道路代
• レンタカー代（自家用車ではない場合）

→ 大人数での参加や荷物が多いキャンプフェスでは車移動がおすすめ。フェス前後に観光地にも立ち寄りやすい。

SIMULATION

（レンタカーのみ）
車を借りる ＞ 運転（下道or高速道路） ＞ 駐車場に停める ＞ 会場へ ＞ 会場

- なるべく早い予約がベター
- 渋滞を考えたルート確認を
- 駐車券はなるべく早く購入！
- 徒歩もしくはシャトルバスの場合も

注意POINT
✓ 渋滞を考慮し早めの行動がベター。駐車券の確保も忘れずに
✓ 帰りの運転手には優しく！最終日はノンアルコールで乾杯！

🚃 公共交通機関

こんな人におすすめ
● 最寄駅に立ち寄ってお土産などを買いたい
● ある程度の到着時間を見通しておきたい

GROUP：1〜4人（友達、夫婦、一人など）

COST：
• 新幹線チケットor飛行機チケット
• 在来線での移動代（主要駅や空港まで）

→ 移動中に自分の時間を確保できる＆大遅延がない限り到着時間が読めるのが公共交通機関のメリット。最寄駅到着後にバス移動が必要な場合は、混雑しがちなので時間に余裕を持って動こう。

SIMULATION

駅・空港へ ＞ 移動 ＞ シャトルバス乗り場へ ＞ 会場

- 切符やICチャージを忘れずに
- 休憩＆フェス情報をチェック
- 都市型フェスであれば徒歩も

注意POINT
✓ 電車・新幹線：終演後の終電時間や駅までのアクセスは念入りに確認！
✓ 飛行機：早めの予約で金額もお得に。公式パッケージツアーの利用も○

🚌 オフィシャルバスツアー（高速バス）

こんな人におすすめ
● 移動手段の確保や経路・乗り換えが不安
● 行きは体力温存、帰りは眠るだけにしたい

GROUP：1人〜（チケットを取った人数）

COST：
• バスチケット代
• 在来線での移動代（バス乗り場まで）

→ 各都市から会場まで直通で行くことができるバスツアー。早朝出発のものや、遠方の場合は深夜移動のものも。初めてのフェスや初心者でも安心・安全！

SIMULATION

バス発着場所へ ＞ 移動 ＞ 会場

- 予約必須！ツアーは事前
- 深夜の場合は寝る体制で

注意POINT
✓ 荷物制限や途中休憩の時間を事前に調べておこう
✓ 深夜移動の場合はスマホ使用時はディスプレイを暗めに

How to go

フェス大国ニッポン
ローカルフェスのすすめ

音楽とともに街の魅力を発信!

結いのおと〔茨城〕では、結城紬をレンタルしてフェスに参加できるプランも

© 結いプロジェクト

現在、日本全国で400〜500の音楽フェス(*1)が開催されています。1年を通して47都道府県でフェスが行われているという意味で、日本は世界有数の"フェス大国"と言えます。ぴあ総研が毎年実施している音楽フェス市場に関する調査(*2)によると、コロナ禍以前の2019年には動員数295万人、市場規模330億円と、20年間にわたり右肩上がりの成長を続けてきました。コロナ禍で数字が落ち込んだものの、2022年の市場規模は、対2019年比で87.3%までに回復し、2023年は反動消費の影響もあり、例年に並ぶか、過去最高規模になるのではないかと予測されています。それを牽引するのは、何万人も集めるような大規模フェスですが、日本を

"フェス大国"たらしめ、ブームでなく文化として定着した背景には、各地域で開催される中小規模のローカルフェスの存在も欠かせません。それらは形態やテーマが多様化し、地元を盛り上げるために有志が立ち上げたものや行政が主導して地域活性化を大々的に掲げているものもあります。例えば、茨城県結城市で行われる「結いのおと」(P.54)は、商工会議所の職員のアイデアでスタートした街回遊型のフェスで、コンサートホールに加え、地域固有の文化資源である神社仏閣、結城紬の産地問屋などが舞台となり、地元の名産である結城紬(着物)を着てアーティストがライブを行うなど、参加者がその街の魅力を発見するきっかけになっています。

フェスは地元の宝!地域創生にも貢献

hoshioto〔岡山〕での大舌市長と研究者によるセッション

©hoshioto

フェスの会場のなかで開催地の魅力を発信するブースや企画をよく見かけます。大規模なフェスだと、滋賀県草津市の「イナズマロックフェス」(P.92)は、地元のグルメが味わえるだけでなく観光協会などのブースがずらりと並んでいて近郊の街のPRの場になっています。また、静岡県富士宮市の「朝霧JAM」(P.96)では、地元の酪農家を応援するために、名産である牛乳が使われた食べ物が多く並び、参加者に直接届ける形で酪農支援を行っています。さらに、ふるさと納税でフェスのチケットや会場で使用できる食事券などを返礼品にするなど地域創生にも一役買っています。他のフェスでも、同様の取り組

みだけでなく、市長や知事が登場して、フェスと地域の可能性について語るというようなことも増えています。岡山県井原市で開催される「hoshioto」(P.61)では、大舌市長による開会宣言に加え、フェスと地域の可能性について語る公開収録型のトークセッション(*3)が行われ、「音楽フェスは地元の宝」と力説する大舌市長の姿が印象的でした。このようにフェスがただの音楽イベントではなく、その地域の魅力を発信する場として注目を集めています。地元はもちろん、興味のある地域で開催されているローカルなフェスに参加すると、その地域の新たな魅力に気づかされるかもしれません。

---

* 1 Festival Life に掲載されている音楽フェスより/＊2 音楽ポップスフェス市場規模と動員数の推移(ぴあ総研より 2023/5/1 に発表)
* 3 Festival Junkie Podcast「hoshioto TALK session」(2021/11/6配信)

Festivals by Season

シーズン別フェスガイド

春夏秋冬、1年を通して開催される、まさにフェス大国の日本。
多岐にわたる音楽ジャンル、開催する地域への想い…。
個性溢れるフェスを季節ごとにご紹介！

ARABAKI ROCK FEST.

【アラバキ ロック フェスティバル】

📍エリア **宮城県 みちのく公園北地区 エコキャンプみちのく**　🏠時期 **4月下旬**　🧍屋内外 **野外**

こんな人におすすめ　**いち早くフェスシーズンの開幕を味わいたい人**

フェスシーズン到来!
東北最大の野外ロックフェス

フェスシーズン開幕を告げる春フェスのパイオニア

寒暖差が激しく
雪が降った年もあるので
防寒対策は万全に

©藤井拓

2001年にスタートした東北最大のロックフェス、通称「アラバキ」。大型フェスとしてはいち早いゴールデンウィーク期間の開催になることから、その年の動向やラインナップが、後に続く音楽フェスに大きな影響を与える。ステージ名に「陸奥」「津軽」「磐越」といった東北を象徴する地名が使われている他、伝統音楽や郷土料理が楽しめたりと東北文化をさまざまなシーンで感じることができる。

--- POINT ---

- フェスシーズンの開幕を喜ぶ祝祭感
- アラバキ愛に溢れたアーティストのライブ&セッション
- 蔵王連峰の美しい景色に加え、満開の桜が見られることも

TICKET

入場券にキャンプサイトや駐車券のついたセット券は先行販売のみ入手可能。入場券：約14,000〜27,000円(1〜2日券)

ARTISTS

奥田民生、ELLEGARDEN、サンボマスター、the pillows、Creepy Nuts、女王蜂、Dragon Ash、ZAZEN BOYS(2023年開催時)

ACCESS

JR「仙台駅」より有料シャトルバスで約60分(片道／約1,600円)。山形自動車道「宮城川崎IC」より各駐車場まで車で約15分。東京、東北5県発着のツアーバスを利用するのも◎。

STAY

キャンプサイトあり(約3,000円／1名)。開催がゴールデンウィーク期間ということもあり、「仙台駅」「山形駅」周辺のホテルは、チケットと同様に早めの予約を。

イベントを最高潮に盛り上げる
期待大のスペシャルセッション

アラバキの魅力のひとつでもあるのが、ミュージシャンやクリエイター陣によるスペシャルセッション。1組のアーティストにフィーチャーしたり、作品のアニバーサリーを祝ったりと、様々な企画が毎年用意されている。普段のライブでは観られないアーティストの一面やアラバキだからこそ実現するコラボ・サプライズも多い。

音楽に酔いしれながら
春ならではの絶景キャンプ

会場内には広大なキャンプエリアがあるため、テント泊も可能。桜を見られたり、澄んだ空気を感じることができるなど、美しい景観のなかで音楽とキャンプを同時に楽しめる。とはいえ、4月後半の東北はまだまだ寒い。積雪があったり、最高気温が10℃以下を記録した年もあるので防寒対策は万全に。また、雨天時はぬかるみが多くなるので、足元は防水のスニーカーやレインブーツを選ぼう。

本格的なプロレスを楽しめる!

東北発の「みちのくプロレス」も
アラバキに参戦!!

「フェスのなかでプロレス!?」と思うかもしれないが、これはアラバキならではの名物企画。会場内に特設リングが設置され、東北6県をホームグラウンドにする「みちのくプロレス」による、笑いあり、涙ありの名試合が繰り広げられている。ふらっと立ち寄ったはずなのに、夢中になりすぎてライブを見逃す人が続出!?

アラバキの *YORIMICHI*

神秘的な絶景に感動
蔵王のシンボル「御釜」

フェス会場から車で1時間弱の場所にある蔵王の「御釜」は、周囲が山に囲まれた火口湖。美しいエメラルドグリーンの湖は季節や天候によって表情を変え、訪れる毎に神秘的な姿を見せてくれる。積雪状況によっては通行止めの場合もあるため、事前に公式サイトでチェックしよう!

画像提供：蔵王町観光案内所

INFO

御釜（おかま）

🏠 宮城県蔵王国定公園内
📞 0224-34-2725（蔵王町観光案内所）※11月初旬から4月下旬までは冬期閉鎖のため見学不可

**プロジェクトチーム
コメント**

「荒吐族」から命名した東北最大の春フェス。雄大な自然の中、東北郷土文化とこだわりのラインナップや独自のセッションなど、唯一無二のロックフェスとして愛され続けています。

04 APR.

05 MAY

06 JUN.

07 JUL.

08 AUG.

09 SEP.

10 OCT.

11 NOV.

12 DEC.

01 JAN.

02 FEB.

03 MAR.

VIVA LA ROCK
【ビバ ラ ロック】

📍**エリア** 埼玉県 さいたまスーパーアリーナ 🗓**時期** 5月上旬 🏛**屋内外** 屋内外

こんな人におすすめ 快適な環境でライブをたくさん楽しみたい人

さいたまスーパーアリーナで
繰り広げられるロックの祭典

屋内型のロックフェスとしては国内最大級！フェスデビューにも◯

動きやすさ重視の普段通りのスタイルでOK！

ゴールデンウィーク期間中、4〜5日間にわたり開催される屋内型の大型ロックフェス、通称「ビバラ」。国内のロックバンドを中心に100組前後が出演する。初開催は2014年と、この規模のフェスとしては新しい方だが、今や10万人以上が来場する春フェスの代表格に。音楽雑誌『MUSICA』を発行するFACTが主催ということもあり、選び抜かれたストーリーのあるアーティストブッキングが魅力だ。

POINT
- 邦楽ロックシーンの"今"を味わえるラインナップ
- 埼玉愛にあふれるコンテンツがたくさん
- 屋外開催の「VIVA LA GARDEN」は誰でも入場可能

TICKET
先行販売はVIVA LA ROCK公式アプリのみで実施。「VIVA LA GARDEN」は入場無料。入場券：約11,000〜40,000円（1〜4日券）

ARTISTS
UVERworld、Vaundy、sumika、ELLEGARDEN、10-FEET、SiM、エレファントカシマシ、SUPER BEAVER、クリープハイプ、マカロニえんぴつ（2023年開催時）

ACCESS
JR京浜東北線、高崎線、宇都宮線「さいたま新都心駅」から徒歩約3分という好立地。終演後は混雑するため電車やバスの時間に注意。

STAY
開催期間がゴールデンウィーク期間中ということもあり、直前になると会場周辺ホテルの予約が取りづらい。早めの予約がおすすめ。

溢れ出る埼玉愛!
地元だからこその企画も多数

地元企業はもちろん、「クレヨンしんちゃん」や「浦和レッズ」とコラボするなど、徹底的に"埼玉"にこだわるのもビバラの魅力。ステージでは、埼玉出身バンドがより熱く受け入れられ、大宮ラクーンよしもと劇場で活躍するよしもと芸人のユニット「大宮セブン」がフェスで大暴れできるのも、ビバラならでは。

ビバラの真髄は
ガーデンにあり!?

さいたまスーパーアリーナに隣接する屋外広場「けやきひろば」では、「VIVA LA GARDEN(ビバラガーデン)」と呼ばれる入場無料のフェスが同時開催される。音楽ステージに加え、ビアガーデンや飲食店、キッズランド、ワークショップなど、大人も子どもも楽しめるコンテンツが盛りだくさん。ステージではライブやDJなど幅広いジャンルを楽しめる。

アーティストにインスパイアされた
メニューも並ぶ充実のフェス飯!

フェスでよく見かける人気店や埼玉ローカルフード、クラフトビールに加え、その年の出演アーティストの名前や楽曲をもとにオリジナルレシピで作られた、アーティストインスパイア飯はぜひ体験してほしい。

「ビーファース丼 Inspired by BE：FIRST」
「クリーミーナッツカレー Inspired by
 Creepy Nuts」etc…

ビバラロックの *YORIMICHI*

コラボグッズを見つけて
サッカー観戦に行こう!

ビバラの後援には地元の人気サッカーチーム「浦和レッズ」の名前が入っており、フェス会場内ではブースやコラボグッズが展開されている。さらに、埼玉スタジアムでのホームゲームに、ビバラとのコラボグッズ付きの特別シートが販売されるなど、「フェス×サッカー」の新しい形を提示している。

INFO

埼玉スタジアム2002
📮 336-0967
埼玉県さいたま市緑区美
園2-1 ☎ 048-812-2002
🌐 https://www.stadium
2002.com/

04 APR.
05 MAY
06 JUN.
07 JUL.
08 AUG.
09 SEP.
10 OCT.
11 NOV.
12 DEC.
01 JAN.
02 FEB.
03 MAR.

**主催チーム
コメント**

埼玉県最大級のロックフェスとは何かを考え貫き続けるフェスです。日本の気候が根本的に変わりつつある中、屋内フェスとして快適な音楽環境をさらに磨き続けたいと思います。

主催チーム　鹿野　淳

GREENROOM FESTIVAL

【グリーンルーム フェスティバル】

📍エリア **神奈川県 横浜赤レンガ倉庫** 📅時期 **5月下旬** 🚶屋内外 **野外**

こんな人におすすめ **音楽&アートを通して、海やビーチカルチャーを味わいたい人**

海を好きになるきっかけに！
音楽とアートのカルチャーフェス

絶好のロケーションに海にまつわるカルチャーが集合！

海を感じられる
自由なスタイルで

海の環境保全をテーマに2005年にスタートした都市型カルチャーフェス。海が似合う、かつトレンドを押さえたアーティストが国内外から集う他、サーフカルチャーやビーチカルチャーに関連した映画上映やアート展示も。また、若手やDJが出演するステージやブランドの趣向を凝らしたブースが並ぶマーケットエリアは無料で開放されており、誰でも入場できるのも魅力のひとつ。

POINT

- 海に面した抜群のロケーション
- 旬のアーティストが並ぶラインナップ
- お洒落なマーケットエリアは入場無料

TICKET

年明けには通常よりもお得に購入できる「波割」という先行販売もあり。入場券：約10,000～20,000円（1～2日券）

ARTISTS

TASH SULTANA、AJR、Sigrid、The BONEZ、UA、東京スカパラダイスオーケストラ、Nulbarich、KREVA、YONA YONA WEEKENDERS（2023年開催時）

ACCESS

みなとみらい線「馬車道駅」より徒歩約6～10分。近隣の道路や駐車場の混雑が予想されるため、公共交通機関での来場が安心。

STAY

会場周辺にはホテルなどの宿泊施設が多いが、観光地なので早めの予約がベター。駅からのアクセスも良いので、少し離れても特に問題ない。

夜のライトアップも綺麗

海辺のロケーションに
こだわりの装飾が光る!

海沿いの気持ちいい風に揺られながら音楽を聴けるだけでなく、ステージのすぐそばに大型船が停泊していたり、夜になると横浜の夜景が望めたりと、1日を通して視覚的にも楽しめるのがこのフェスの特徴。また、ステージデザインや会場装飾もお洒落なものが多く、思わず写真を撮りたくなる景色がたくさん!

フェスファッション&
ショッピングも楽しもう

5月の暖かい気候に加え、アクセスのいい都市型フェスということもあり、参加者も型にはまらない自由なファッションを楽しんでいる。歩いているだけで、その年のフェスファッションのトレンドがチェックできる他、マーケットエリアでは、様々なアイテムを購入できるので、ライブの合間に買い物も楽しんでみて。

横浜だけじゃない!
他エリア展開やビーチでの開催も

横浜での開催以外にも、大阪や千葉などでも同様のコンセプトでフェスが開催されており、特に千葉の「GREENROOM CAMP」は、ビーチで宿泊ができるキャンプフェスとして人気が高い。SUPやビーチヨガが体験できる他、ビーチフラッグスや綱引きといった、子どもから大人まで楽しめるビーチアクティビティも充実している。

グリーンルームの YORIMICHI

空からフェスを眺めてみよう!

会場近くにある「よこはまコスモワールド」の大観覧車、コスモクロック21からは、みなとみらいの美しい景色はもちろん、フェス会場も一望できる。また、JR「桜木町駅」から会場に向かう際は日本初の都市型循環式ロープウェイ「YOKOHANA AIR CABIN(ヨコハマエアキャビン)」に乗ってみるのもおすすめ。

画像提供:泉陽興業株式会社

INFO
YOKOHAMA AIR CABIN
🏠 231-0001
横浜市中区新港2丁目1番2号 📞045-319-4931
🕐 公式サイトをご参照ください。https://yokohama-air-cabin.jp/

04	APR.
05	MAY
06	JUN.
07	JUL.
08	AUG.
09	SEP.
10	OCT.
11	NOV.
12	DEC.
01	JAN.
02	FEB.
03	MAR.

主催者
コメント

MUSICとARTを通じて、海のライフスタイルやカルチャーを伝えるフェスティバル。子ども達に大切なビーチを残すため、ビーチと海の環境を守る活動も続けています。

GREENROOM CO. 釜萢 直起

森、道、市場
【もり みち いちば】

📍エリア **愛知県 ラグーナビーチ／ラグナシア**　📅時期 **5月下旬**　🚶屋内外 **野外**

こんな人におすすめ **音楽もマーケットもとことん満喫したい人**

面白いヒト、モノ、コトが集う！
美しいごはんと音楽を楽しむ"市場"

アーティストだけでなく、出店者も主役！

普段通りの格好でOK。
足元は歩きやすいものを

2011年にスタートした森、道、市場（通称「森道」）は、全国から集った500以上のお店が並ぶマーケットとライブが楽しめる野外イベント。会場はキャンプ泊が可能な海エリアと遊園地エリアに分かれており、どちらも多種多様なお店がずらりと並んでいるのが最大の特徴。出店者や関係者ができることを持ち寄って同時多発的に様々な企画が行われる様子は、まさに大人の文化祭！

─── **POINT** ───

- 500以上の個性的なお店が並ぶマーケット
- 旬のアーティストが揃うこだわりのラインナップ
- 1日券は約5,000円と破格！（主催が利益を取らないスタンス）

TICKET
入場券やキャンプ券は2月ごろに販売スタート。リストバンド提示で遊園地エリアのアトラクションも利用可。 ワークショップは一部有料。入場券：5,000〜18,000円(1〜3日券)

ARTISTS
フジファブリック、のん、toe、岸田 繁、ASIAN KUNG-FU GENERATION、cero、般若、青葉市子、THE BAWDIES（2023年開催時）

ACCESS
JR東海道本線「蒲郡駅」から有料シャトルバスあり（約20分）。車の場合は東名高速道路「音羽蒲群IC」、「豊川IC」より約20〜35分。別途駐車券が必要（約3,500円）。

STAY
会場でのキャンプ泊は区画券の購入が必要だが、毎年早々に売り切れる。キャンプ泊以外の場合は、シャトルバスが出るJR東海道本線「蒲郡駅」周辺の宿泊施設を押さえるのがおすすめ。

© 森、道、市場

個性的な装飾の
お店がたくさん！

膨大な数のお店が集う
フェスではなく"市場"

森道の主役はなんといっても、市場（＝マーケット）。主催がセレクトしたお店や、他の出店者が推薦したこだわりのお店が日本全国から集う。フード、雑貨、アパレルはもちろん、居酒屋、本屋、銭湯、似顔絵と何でもあり！まずは会場をぐるっと歩いてお気に入りを見つけてみよう。

会場中のいたるところで
常に何かが起きている!?

出店やライブだけでなく、森道ならではのスペシャルなコンテンツも多く、料理ができるまでの過程を"見る、聴く、感じる"食×音楽のライブ「EATBEAT!」は毎年恒例の人気企画。他にも餅つき、サウナ、ラジオなど、いたるところで様々な催しが行われ、毎年進化していくから面白い。

\ John John Festival によるパレードも！

フェス好きが唸るラインナップ！

"音楽フェス"と謳っていないが、新人から大物まで、ジャンルもバンド、ヒップホップ、ダンスミュージックがバランスよくラインナップされ、フェス好きのツボを押さえた並びが毎年話題になる。そんなブッキングを手がけるのは愛知を中心に活動している jellyfish チーム。森道以外のイベントも多数手がけているので、森道のブッキングが好みの人は要チェック！

出店者を一挙に
紹介したガイドブック

『森、道、市場な人と店』は、森道に出店した約400軒以上を紹介しているガイドブック。都道府県別に網羅されているので、自分の住んでいるエリアの素敵なお店を見つけることができる。これを読んで日常でも森道気分を味わおう！

『森、道、市場な人と店』
LLC インセクツ編　価格：1,500円＋税

森道の YORIMICHI

森道スタッフも集う
音楽×ラーメンの名店

フェス会場内の海エリアに出店している「麺の樹 ぼだい」の汁なしラーメン（まぜそば）は森道のソウルフード。そんな麺の樹 ぼだいの姉妹店「銀界（岡崎市）」は店内でレコードが流れるラーメン屋さん。森道スタッフも夜な夜な集まっているとか。

INFO

銀界拉麺
〒444-0046
愛知県岡崎市連尺通3-7 2階
11:00～14:00,18:00～21:00
※定休日：火曜日、水曜日

04　APR.

05　MAY

06　JUN.

07　JUL.

08　AUG.

09　SEP.

10　OCT.

11　NOV.

12　DEC.

01　JAN.

02　FEB.

03　MAR.

45

Rainbow Disco Club

【レインボー ディスコ クラブ】

📍エリア 静岡県 東伊豆クロスカントリーコース　🕐時期 4月下旬　🏠屋内外 野外

こんな人におすすめ 自然のなかで良質なダンスミュージックを満喫したい人

最先端の音楽とアートを
大自然のなかで堪能!

世界的な評価も高く、海外からの参加者も多数!

深夜まで
楽しみたい人は
防寒対策をしっかりと

©Yasuhiro Iwamura

毎年4月に開催される日本を代表するダンスミュージックフェス、通称「RDC」。もともと東京都心で開催されていたが、2015年から東伊豆に移転したことでキャンプ泊が可能に。国内外の著名なDJが集い、深夜まで楽しめる大人のフェス。キッズエリアやワークショップも充実しており、ファミリー層も多い。

©Rainbow Disco Club

アーティストもアパレルもコラボは要チェック!

オリジナルグッズがお洒落なのもRDCの特徴。デザイナーやブランドとのコラボが販売されることも。公式サイトからオンラインショップもチェック!

TICKET

チケットは購入が早いほど料金がお得に。
入場券：約16,000〜23,000円(2〜3日券)

ARTISTS

Jeff Mills、Kenji Takimi、Ben UFO、DJ nobu × Eris Drew、Antal & Hunee(2023年開催時)

ACCESS

JR「新宿駅」から会場最寄りの伊豆急行「伊豆稲取駅」まで、特急踊り子号で約2時間30分。そこから会場まで無料シャトルバスで約10分。

RDCの YORIMICHI

フェスの合間に下山して温泉や朝市も

会場最寄りの「伊豆稲取駅」近くで毎週末と祝日に朝市が開かれている。また、日帰り温泉も多いので、フェスの合間に立ち寄ってみるのもあり。

INFO

港の朝市

🏠〒413-0411 静岡県賀茂郡東伊豆町稲取3354 📞0557-95-1100(東伊豆町役場) 🕐8:00〜12:00(土・日・祝日に限る)

主催者コメント

日本発のダンスミュージックフェスとして国内外で高く評価され、ストリーミングイベントではクールジャパンマッチングアワード2021特別賞を受賞しました。

ツチヤマサヒロ

OTODAMA ~音泉魂~

【オトダマ おんせんだましい】

📍エリア **大阪府 泉大津フェニックス**　📅時期 **5月上旬**　🚹屋内外 **野外**

こんな人におすすめ **大阪らしさを感じつつ、非日常を楽しみたい人**

04　APR.

05　MAY

06　JUN.

07　JUL.

08　AUG.

09　SEP.

10　OCT.

11　NOV.

12　DEC.

01　JAN.

02　FEB.

03　MAR.

ユーモアたっぷりの大人の文化祭!?
お風呂をモチーフにしたユニークなフェス

若手からベテランまでフェスシーンを沸かすアーティストが集結!

意外と注意したい春の日差し。一部エリアでは日傘使用OK

大阪のイベンター・清水音泉が主催する野外フェス。"音泉"と"温泉"をかけ、お風呂をモチーフとしたユニークなイベントで、遊び心のある装飾やネーミング、それに乗っかるアーティストのノリも音泉魂ならでは。もともとは秋開催だったが、コロナ禍以降はゴールデンウィーク開催が定着。他のフェスでは味わえない仕掛けが多数!

遊び心満載の音泉魂用語

ステージ名が「大浴場」など温泉にちなんだ名前になっている他、出演順は「入浴順」、チケットは「入浴券」などオリジナル用語が満載!

TICKET

通常より2,000円弱お得に購入できる学割制度もあり。入浴券：約9,000〜17,000円（1〜2日券）

ARTISTS

奥田民生（MTR&Y）、ハナレグミ、フィッシュマンズ、UA、サンボマスター、羊文学（2023年開催時）

ACCESS

新大阪から約40分。会場の最寄駅である南海本線「泉大津駅」からは有料シャトルバスで約10〜20分。シャトルバスで流れる男湯（役職）田口さんのカラオケは必聴!

音泉魂の YORIMICHI

人気菓子店とのコラボも！

大阪泉州の和洋菓子店「むか新」とのコラボ商品も音泉魂名物。和泉市にある「MUKASHIN plus」はカフェ利用も。

主催者コメント 「お風呂」モチーフなのに、毎年「金融」「スーパーマーケット」等の別テーマを設けてしまい、ごちゃつきがちなWEBサイトや場内の飾りに注目です。

番台・清水

© 音泉魂

FUJI&SUN

【フジアンドサン】

APR. 04

MAY 05

JUN. 06

JUL. 07

AUG. 08

SEP. 09

OCT. 10

NOV. 11

DEC. 12

JAN. 01

FEB. 02

MAR. 03

📍エリア **静岡県 富士山こどもの国**　🗓時期 **5月中旬**　🏕屋内外 **野外**

こんな人におすすめ **ゆったりとキャンプと音楽を楽しみたい人**

音楽と富士山が織りなす
極上のキャンプフェス体験

絶景の富士山を眺めながら、家族や仲間と過ごす贅沢な時間

キャンパーは防寒
対策を十分に!

富士山の麓で開催されるキャンプフェス。広大なエリアでキャンプを楽しみながら、上質な音楽を味わえるのが特徴。冒険家によるトークショーの他、登山、筋トレといったアクティビティも豊富で、夜にはキャンパー限定のライブも。地元・富士市で開催される吉原祇園祭のお囃子を味わえる吉原祇園太鼓セッションズのライブもお見逃しなく。

予約&チケット確保は早めに

© 宇宙大使☆スター

どこでキャンプする!?

ステージ近くやエントランス近くの静かなエリア、車が横付けできるオートキャンプや常設のパオなど、過ごし方にあわせて選択肢があるのが嬉しい。

TICKET

各日券の他、お得に購入できる静岡県民割も。入場券：約9,000〜20,000円（1〜2日券）。

ARTISTS

ASIAN KUNG-FU GENERATION、君島大空、マヒトゥ・ザ・ピーポー、EGO-WRAPPIN'（2023年開催時）

ACCESS

東名高速道路「裾野IC」から車で約30分。JR東海道新幹線「新富士駅」から有料シャトルバスで約45分（片道2,000円）。

FUJI&SUNの YORIMICHI

大自然のなかで 動物に触れ合おう!

会場のこどもの国では動物への餌やり体験もできるが、さらに近隣には富士サファリパークも。フェス帰りにサファリも楽しんでみては?

INFO

富士サファリパーク
🏠〒410-1231 静岡県裾野市須山字藤原2255-27 📞055-998-1311 🌐公式サイト：https://www.fujisafari.co.jp/

主催者コメント　夜の富士山をバックにした幻想的な for CAMPERS LIVE をぜひ体験いただきたいです。

井出辰之助（infusiondesign）

©FUJI&SUN

POP YOURS

【ポップ ユアーズ】

📍エリア **千葉県 幕張メッセ** 🕐時期 **5月中旬** 🚪屋内外 **屋内**

こんな人におすすめ **最先端のヒップホップシーンを体感したい人**

豪華コラボやサプライズも多数!
国内最大級のヒップホップの祭典

シーンを牽引するラッパーが一堂に集結!

自分の好きな格好でOK。おしゃれな物販も見逃せない!

©cherrychilliwill.

04 APR.
05 MAY
06 JUN.
07 JUL.
08 AUG.
09 SEP.
10 OCT.
11 NOV.
12 DEC.
01 JAN.
02 FEB.
03 MAR.

"2020年代のポップカルチャーとしてのヒップホップ"をテーマにした音楽フェス。スタートは2022年と歴史は浅いが、国内のヒップホップシーンの活況と相まって一気に日本を代表するヒップホップフェスに。旬のアーティストからネクストブレイクのラッパーまで網羅し、レジェンドのサプライズ出演も多く、シーンの見本市的な役割も果たしている。

2023年は¥ellow Bucks が BAD HOP のゲストに!

©Daiki Miura

何かが起こるのが POP YOURS!

復活したMall Boyzのサプライズ登場やBAD HOPの解散発表がステージ上で行われるなど、シーンのハイライトとなる出来事も頻繁に起きる。

POP YOURSの YORIMICHI

幕張をテーマにした オリジナル楽曲も!

Bonbero、LANA、MFS、Watson らによる「Makuhari」は、MVは幕張が舞台。会場周辺でロケ地が見つかるかも?

TICKET

限定Tシャツ付きや専用エリアを使用できるチケットも。入場券：約12,000〜46,000円(1〜2日券)

ARTISTS

BAD HOP、Awich、LEX、Tohji、PUNPEE & BIM、MonyHorse、JJJ、OZworld、STUTS（2023年開催時）

ACCESS

JR京葉線「海浜幕張駅」から徒歩約5〜15分。JR総武線・京葉線「幕張メッセ中央」からバスで約17分。

主催コメント

POP YOURSはライブのほか、アート展示やヒップホップにまつわるフード販売など、現代のヒップホップカルチャーの多面的な魅力を体感できます。
（株）スペースシャワーネットワーク

CIRCLE

【サークル】

APR. 04
MAY 05
JUN. 06
JUL. 07
AUG. 08
SEP. 09
OCT. 10
NOV. 11
DEC. 12
JAN. 01
FEB. 02
MAR. 03

📍エリア **福岡県 海の中道海浜公園野外劇場**　　📅時期 **5月中旬**　　⛺屋内外 **野外**

こんな人におすすめ **潮風に吹かれながらゆったりと音楽を楽しみたい人**

GOOD VIBESな音楽と雰囲気が魅力!
ブッキングセンスが光る都市型フェス

海と緑に囲まれた最高のロケーションで良質な音楽を味わう

夜は潮風で
肌寒くなるときも

2007年のスタートから休止や東京開催を経て、2012年に復活し、現在は福岡を代表するフェスのひとつに。2つのステージで交互にライブが行われるが、会場内の行き来がしやすいため全ライブを観ることが可能。スタンディング、レジャーシート、テント&タープの3エリアがあり、自分のスタイルにあわせた楽しみ方ができるのも魅力。

上質かつ安定した
ラインナップが魅力

数々の大物アーティストが常連組として並びつつ、注目の若手も揃うバランスの良さが魅力。CIRCLEのDJ番長・角張渉氏のDJも必聴!

CIRCLEの
YORIMICHI
船でフェスに
行ってみる!?

会場近くに、人気の水族館「マリンワールド」がある他、船の発着場(西戸崎)もあり、福岡市内から船でフェスに向かうと旅気分もUP!

INFO

志賀島航路(博多⇔西戸崎)
🏢〒812-0021 福岡市博多区築港本町13-6 📞092-291-1084(博多旅客待合所 切符売り場)

TICKET

学割チケットが他フェスと比べてもかなりお得。入場券:約10,000〜18,000円(1〜2日券)

ARTISTS

電気グルーヴ、Cornelius、EGO-WRAPPIN'、ハナレグミ、原田郁子(2023年開催時)

ACCESS

会場への入り口は一カ所となっているため、JR香椎線「西戸崎駅」から徒歩で向かうか、天神から出ている有料シャトルバスを利用しよう(約1,500〜2,000円)。

主催
コメント

緑溢れる環境で個性的なブッキングによる最高の音楽の他、九州の選び抜かれた飲食店による最高のドリンク、フードも楽しめるフェスです。

©CIRCLE

TONE / BEA

日比谷音楽祭

【ひびやおんがくさい】

📍 エリア **東京都 日比谷公園**　📅 時期 **6月上旬**　🧍 屋内外 **野外**

こんな人におすすめ **アクセスの良い都心の公園でライブやワークショップを楽しみたい人**

04 APR.
05 MAY
06 JUN.
07 JUL.
08 AUG.
09 SEP.
10 OCT.
11 NOV.
12 DEC.
01 JAN.
02 FEB.
03 MAR.

誰もが参加できる、フリーでボーダーレスな音楽フェス

都心の日比谷公園で豪華ライブと多様なコンテンツを無料で楽しめる

普段着のままで参加OK

「親子孫三世代、入場無料、ボーダーレス」をテーマに、音楽プロデューサーでベーシストの亀田誠治氏が中心となって、2019年にスタートした日比谷音楽祭。「音楽の新しい循環」を作ることを目的に、運営費は企業からの協賛金、助成金、クラウドファンディング支援金のみ。無料でライブを楽しめる他にワークショップや楽器体験も充実している。

他のフェスにはないユニークな取り組みも!

曲に手話を付ける「手話うた」を取り入れたステージや、会場に来られない人に向けた配信コンテンツなど、本当の意味で開かれたフェスを目指している。

日比谷音楽祭の YORIMICHI

公園&街を歩いてみよう!

ステージだけでなく、公園内の施設をゆったり散策するのも面白い。日比谷ミッドタウンでもライブが行われているので、日比谷の街もあわせて楽しんでみよう!

TICKET

多くの人に音楽を楽しんで欲しいという想いから入場無料。クラウドファンディングや現地での投げ銭で支援を。

ARTISTS

桜井和寿、B'z、石川さゆり、木村カエラ、ZOMBIE-CHANG、秦基博、民謡クルセイダーズ(2023年開催時)

ACCESS

東京メトロ日比谷線・千代田線「日比谷駅」A14出口より徒歩1分。近隣に有料駐車場もあるが、参加者専用ではないため公共交通機関を利用するのがベター。

実行委員長コメント

日本の歴史的な建造物が立ち並ぶ日比谷公園で毎年開催されるフリーイベントです!街全体に音楽が鳴り響くピースフルなひとときを体験してください!

実行委員長　亀田誠治(音楽プロデューサー)

KOBE SONO SONO
【コウベ ソノ ソノ】

📍エリア 兵庫県 道の駅 神戸フルーツ・フラワーパーク大沢
📅時期 4月上旬　🏕屋内外 野外

花と緑に囲まれた空間で
春の訪れを感じる野外フェス

2023年にスタートした神戸の野外フェス。西日本最大級の道の駅で開催され、チューリップなどの花々に囲まれた広い空間のなかで旬のアーティストのライブを楽しめる。地元で人気の飲食店をはじめ、アパレルや雑貨屋が出店している他、会場内には遊園地やホテルもあり、子ども連れが多いのも特徴。

ARTISTS

くるり、折坂悠太、藤原さくら、トクマルシューゴ、安藤裕子

ACCESS

JR「三田駅」、神戸電鉄「岡場駅」よりバスまたはタクシーで約15分。

主催コメント
漢字にすると「神戸園苑」。「園」は庭園、"苑"は芸術の集まる所の意を示しています。厳選された音楽をはじめ、居心地の良い空間作りを目指します！
KYODO OSAKA 神戸

©KOBE SONO SONO

I ROCKS stand by LACCO TOWER
【アイ ロックス スタンド バイ ラッコタワー】

📍エリア 群馬県 メガネのイタガキ文化ホール伊勢崎
📅時期 4月上旬　🏕屋内外 屋内

LACCO TOWERによる
群馬愛溢れるロックフェス

群馬出身のバンド、LACCO TOWER が「故郷群馬にてロックフェスを開催したい」という想いで2014年に立ち上げた音楽フェス。バンド縁のアーティストや地元バンドが多くラインナップされる。会場内には、キッチンカーなどが並ぶフリーエリア「I ROCKS GARDEN」や子ども連れも安心のキッズスペースも。

ARTISTS

LACCO TOWER、SUPER BEAVER、SHE'S、バスピエ

ACCESS

北関東自動車道「伊勢崎IC」より車で約10分。

主催者コメント
I ROCKS は「おかえり」「ただいま」が飛び交う、まるで《家》のような存在のロックフェスです。子ども連れでも安心できる、アットホームなフェスを目指しています。
塩﨑 啓示（株式会社アイロックス 代表取締役 / LACCO TOWER Ba.）

©I ROCKS stand by LACCO TOWER

SYNCHRONICITY
【シンクロニシティ】

📍エリア 東京都 渋谷各所
📅時期 4月上旬　🏕屋内外 屋内

「今フェスで観たい！」が詰まった
都市型サーキットフェス

東京・渋谷にある複数のライブハウスを使って開催されるサーキットフェス。これからフェスシーンで活躍しそうなニューカマーをいち早くブッキングすることから、音楽ファンやアーティスト、フェス関係者からの注目度も高い。例年大トリを飾る、渋さ知らズオーケストラのライブはシンクロニシティ名物！

ARTISTS

渋さ知らズオーケストラ、ZAZEN BOYS、羊文学、toconoma

ACCESS

どの会場へもJR「渋谷駅」より徒歩数分でアクセス可能。

主催者コメント
皆さんの意見を取り入れながらフェスを作ってます！ どんどん新しいチャレンジをしますので、SNS等から気軽にご意見下さい。会場で乾杯できるのを楽しみにしてます！
麻生 潤

©SYNCHRONICITY

おと酔いウォーク
【おとよいウォーク】

📍エリア 福島県 飯坂温泉街
📅時期 4月中旬　👤屋内外 屋内外

チケットは入浴券付き
温泉街が舞台の地域密着型フェス

福島の復興や地域活性化を目的に2013年にスタートした「おと酔い」は、温泉街全体を会場とするユニークなフェス。歴史的建造物やお寺の境内、旅館の宴会場などでライブが楽しめる。ゆったりとした街の雰囲気も魅力で、家族連れやリピーターが多いのも特徴。名物のラーメン、円盤餃子、ラジウム玉子もお忘れなく。

ARTISTS
SCOOBIE DO、知久寿焼、中村 中、好き好きロンちゃん

ACCESS
会場となる「飯坂温泉駅」へは、飯坂線「福島駅」から電車で約25分。

主催コメント／街の歴史的建造物やお寺の境内など、普段では体験できない距離で"超"アットホームなライブを楽しめます。温泉街の宿をとって拠点とすれば、子連れや遠方の方でも快適に参加できます！
広報担当　菅野孝之

© おと酔いウォーク

GO OUT JAMBOREE
【ゴー アウト ジャンボリー】

📍エリア 静岡県 富士宮市ふもとっぱら
📅時期 4月中旬　👤屋内外 野外

大人も子どもも全力で楽しめる
絶景キャンプフェス

アウトドアファッション雑誌『GO OUT』が、キャンパーの聖地・ふもとっぱらで主催するキャンプフェス。富士山を拝みながらの音楽ライブに加えて、アウトドアブランドの出店や全世代が楽しめるアクティビティ、ワークショップが充実。キャンプ合コンや野外カラオケなど、他のフェスにはないコンテンツも多い。

ARTISTS
石野卓球、MINMI、RIP SLYME、CHAI、ACID MAN、GOMA

ACCESS
東名高速道路「富士IC」、中央自動車道「河口湖IC」より約50〜1時間20分。

実行委員会コメント／50以上のブランドが軒を連ねる、1番人気のショッピングエリア「ブランドアベニュー」では、アウトドアウエア、キャンプギアなどが驚きの価格でゲットできるかもしれません!!
GO OUT CAMP 実行委員会

©GO OUT JAMBOREE

WALK INN FES!
【ウォーク イン フェス】

📍エリア 鹿児島県
📅時期 4月下旬　👤屋内外 屋内外＊

本気の手作りが生んだ
ローカルフェスの真骨頂

地元のスタジオ「WALK INN STUDIO!」が主催する野外フェス。これまで鹿児島市や霧島市の野外会場で行われてきたが、2024年はライブハウスにて開催。メジャーバンドと地元バンドがラインナップに並ぶのが特徴で、立ち上げからの10年間を記録した映画『素晴らしき日々も狼狽える』は全フェスファン必見！

ARTISTS
BRAHMAN、奥田民生、四星球、yonige、人性捕欠、その日暮らし

ACCESS
開催年によって会場が異なるため公式サイトで確認を。

主催者コメント／「僕らの街は、僕らで創る」をテーマに開催しています。僕らの10年が映画『素晴らしき日々も狼狽える』になりAmazon プライム等で配信中です。ぜひご覧ください！
野間太一

＊開催年ごとに変更あり　©WALK INN FES！

04　APR.
05　MAY
06　JUN.
07　JUL.
08　AUG.
09　SEP.
10　OCT.
11　NOV.
12　DEC.
01　JAN.
02　FEB.
03　MAR.

APR. 04

MAY 05

JUN. 06

JUL. 07

AUG. 08

SEP. 09

OCT. 10

NOV. 11

DEC. 12

JAN. 01

FEB. 02

MAR. 03

結いのおと
【ゆいのおと】

📍エリア 茨城県 結城市内各所
📅時期 4月下旬　🏠屋内外 屋内外

街全体がフェス会場に!
地域の魅力を引き出すフェス

茨城県結城市の街なかを舞台にした回遊型の音楽フェスで、酒造や神社仏閣などもステージになる(2024年は公園とホールにて開催)。商工会議所の職員が発起人ということで、地域活性化の成功事例としても注目されている。地元の名産である結城紬(着物)を着てライブを行うアーティストも。

ARTISTS
SPECIAL OTHERS、STUTS、七尾旅人、水曜日のカンパネラ

ACCESS
JR水戸線「結城駅」より各会場まで徒歩約10分ほど。

主催者
コメント
／
地域の潜在的な魅力を活用し、新しい価値観を提示することで、街の代謝(世代交代)に繋がる土壌づくりを目指しています。

野口純一

©結いプロジェクト

JAPAN JAM
【ジャパン ジャム】

📍エリア 千葉県 千葉市蘇我スポーツ公園
📅時期 4月下旬~5月上旬　🏠屋内外 屋外

GW恒例! 快適さを追求した
日本最大の春フェス

「ROCK IN JAPAN FESTIVAL」(P.22)や、年末の「COUNTDOWN JAPAN」(P.124)を手がけるロッキング・オン・ジャパン社主催の春フェス。会場は「ROCK IN JAPAN」と同じだが、夏よりコンパクトな作りのため、よりスムーズに移動できる。気候的にも過ごしやすくフェスデビューにおすすめ。

ARTISTS
ヤバイTシャツ屋さん、BiSH、クリープハイプ、ASIAN KUNG-FU GENERATION

ACCESS
JR「蘇我駅」より徒歩8分。JR「千葉駅」から無料シャトルバスもあり。

運営事務局
コメント
／
ステージエリアは全面が芝生! 春から夏に移り変わる前の心地よい気候のなか、風を浴びながら芝生の上に寝転がって音楽を聴くのもオススメです◎。

JAPAN JAM 事務局

©JAPAN JAM 2023

ONEFES -imizu music festival-
【ワンフェス イミズ ミュージック フェスティバル】

📍エリア 富山県 射水市 海王丸パーク
📅時期 5月上旬　🏠屋内外 野外

富山湾を臨むロケーションで
全世代が楽しめる音楽フェス

富山県射水市のベイエリアで開催される野外フェス。地元の青年たちが地域活性を目的に立ち上げたDIYフェスで、ラウドロックを中心としたラインナップが揃うが、子どもやお年寄りの参加も多いアットホームな雰囲気も魅力。本書のイラストを担当した芦沢ムネト氏がステージMCを務める。

ARTISTS
マキシマム ザ ホルモン、TOTALFAT、GOOD4 NOTHING、Hawaiian6

ACCESS
JR「富山駅」より有料シャトルバスで約30分(約2,500円)。

実行委員長
コメント
／
白えびやズワイガニが水揚げされる漁師町です。海王丸パーク周辺は日本海側最大の斜張橋「新湊大橋」やマリーナも整備され、立山連峰も望める一大観光スポットです。

実行委員長　加治浩和

©ONE FES -imizu music festival-

CRAFTROCK FESTIVAL

【クラフトロック フェスティバル】

♀エリア 東京都 立川STAGE GARDEN
時期 5月上旬　**屋内外** 屋内外

厳選されたクラフトビール×音楽
お酒好きにとっての楽園フェス

2014年にスタートした「音楽×クラフトビール」をテーマにした都市型フェス。クラフトビール好きを公言していたり、お酒との相性が良いミュージシャンがブッキングされるのが特徴。さらに国内外から厳選されたブルワリーのクラフトビールが会場に並び、1日中お酒を嗜みながらライブを楽しめる。

ARTISTS

OGRE YOU ASSHOLE、eastern youth、THA BLUE HERB、SHE'S

ACCESS

JR「立川駅」から徒歩で約8分。

主催コメント	東京・日本橋に醸造所を構える CRAFTROCK BREWING をはじめとした、バラエティに富んだブルワリーが参加予定です。

CRAFTROCK FESTIVAL

©CRAFTROCK FESTIVAL

Love Supreme Jazz Festival

【ラブ シュプリーム ジャズ フェスティバル】

♀エリア 埼玉県 秩父ミューズパーク
時期 5月中旬　**屋内外** 野外

英国発の人気ジャズフェス
至高のジャズが秩父に鳴り響く

ヨーロッパ最大規模の野外ジャズフェスの日本版で、秩父ミューズパークにて開催。ジョージ・クリントンやロバート・グラスパーといったジャズ界の大物の出演だけでなく、DREAMS COME TRUE や .ENDRECHERI.（サプライズ出演）といった、ジャズに縛られない幅広いラインナップやコラボも見どころ。

ARTISTS

DINNER PARTY、Answer to Remember、DOMi & JD BECK

ACCESS

西武鉄道「西武秩父駅」から有料シャトルバスで約15分（約2,000円）。

実行委員会コメント	「新世代ジャズ」をテーマに、ジャズ、ソウル、ファンクを横断する洗練された音楽を楽しめるフェス。アーティスト同士のコミュニケーションから生まれるコラボも魅力。

LOVE SUPREME JAZZ FESTIVAL JAPAN 実行委員会

©ito kaoru

METROPOLITAN ROCK FESTIVAL

【メトロポリタン ロック フェスティバル】

♀エリア 東京都 若洲公園／大阪府 海とのふれあい広場
時期 5月中旬　**屋内外** 野外

東京・大阪の2都市開催!
日本有数のアーティストが出演

東京と大阪の2カ所で開催される春の大規模ロックフェス、通称「メトロック」。フェスシーンで活躍するバンドから、ここでしか観られないアイドルまで、幅広いラインナップが魅力。両会場ともに芝生の上でゆったりと過ごすことができるのも特徴で、大阪はシートやテントOKのピクニックエリアも。

ARTISTS

THE ORAL CIGARETTES、Saucy Dog、SUPER BEAVER、Novelbright

ACCESS

大阪は南海本線「堺駅」、東京はJR「新木場駅」より無料シャトルバスあり。

運営事務局コメント	メガ・シティ大阪と東京の2都市で開催するフェスです。2024年で12回目の開催。5月の風になびかれながら、記憶に残る春フェスをお楽しみください!

METROPOLITAN ROCK FESTIVAL 事務局

©METROCK 2023/ Photo by 深野輝美

04	APR.
05	MAY
06	JUN.
07	JUL.
08	AUG.
09	SEP.
10	OCT.
11	NOV.
12	DEC.
01	JAN.
02	FEB.
03	MAR.

APR. 04

MAY 05

JUN. 06

JUL. 07

AUG. 08

SEP. 09

OCT. 10

NOV. 11

DEC. 12

JAN. 01

FEB. 02

MAR. 03

GROOVETUBE FES
【グルーヴチューブ フェス】

📍エリア 千葉県 山武郡横芝光町 屋形海岸
📅時期 5月中旬　🏕屋内外 野外

九十九里から太平洋を望む
絶景ロケーションのフリーフェス

音楽好きの主催者が地元を楽しくするために立ち上げたフェスということもあり、入場料は参加者からの寄付金制というスタイルで運営されている。海と砂浜に囲まれた絶好のロケーションで、夕方までライブ、DJプレイが楽しめる。日中から日没まで初夏の日差しを浴びながら音楽を満喫しよう！

ARTISTS
YOUR SONG IS GOOD、ミツメ、LEARNERS、THE ALEXX

ACCESS
圏央道「松尾横芝IC」より車で約25分。有料シャトルバスもあり。

主催者
コメント　／　地元の特産を中心にフードやショップも充実、海水浴場に面した緑の広がる公園が会場となっていて家族連れでも一日ゆっくり楽しめるフェスティバルです。

永野淳

©GROOVETUBE FES

HAKUBAヤッホー！FESTIVAL
【ハクバ ヤッホー フェスティバル】

📍エリア 長野県 白馬岩岳マウンテンリゾート 山頂エリア
📅時期 5月中旬　🏕屋内外 野外

1週間のアウトドアフェスの締めは
大自然と音楽のコラボレーション

アルペンアウトドアーズの協力によって2020年から始まった野外フェス。白馬の山々に囲まれた大自然のなかでヨガやフィットネス、さらにはマウンテンカートや乗馬といったアウトドアなアクティビティを体験でき、1週間のフェスの締めには、雄大な景色のなかで絶景ライブが味わえる。

ARTISTS
スキマスイッチ、阿部真央、ゴスペラーズ、ヒグチアイ

ACCESS
上信越自動車道「長野IC」より車で約60分。

実行委員会
コメント　／　絶景とともに楽しめる各種アクティビティやイベント、音楽フェスを開催します。北アルプスの新緑と残雪が美しく、風が心地よい季節のアウトドアフェスにぜひお越しください！

HAKUBA ヤッホー！FESTIVAL 実行委員会

© HAKUBA ヤッホー！FESTIVAL

FREEDOM NAGOYA
【フリーダム ナゴヤ】

📍エリア 愛知県 名古屋大高緑地特設ステージ／Aichi Sky Expo*
📅時期 5月中旬　🏕屋内外 屋内外

東海地区最大級！名古屋が誇る
無料ロックフェスティバル

ロックシーンを牽引するバンドのライブを堪能できる FREEDOM NAGOYA は、2010年にスタートした東海地区最大級の無料ロックフェス。コロナ禍以降は Aichi Sky Expo に会場を移していたが、15周年の節目となる2024年は大高緑地に舞台を戻しての開催に。ライブだけでなく運営をサポートするアーティストも。

ARTISTS
ENTH、KUZIRA、Maki、ROTTENGRAFFTY、キュウソネコカミ

ACCESS
開催年によって会場が異なるため公式サイトで確認を。

実行委員長
コメント　／　音楽やライブに触れるきっかけとして老若男女、家族連れ、ライブや音楽に触れる機会が少ない方々でも参加しやすい入場無料にこだわり開催しております。ぜひお気軽にご来場下さい。

綿谷 "wata" 剛／FREEDOM NAGOYA 実行委員長

＊開催年ごとに変更あり　©FREEDOM NAGOYA

ACO CHiLL CAMP

【アコ チル キャンプ】

📍エリア 静岡県 御殿場市内
🗓時期 5月中旬　🏠屋内外 野外

富士山の麓でたくさんの体験を！
親子で楽しめるキャンプフェス

子どもに人気のあるアーティストのライブの他、"チャレンジ"と称した音楽家やアスリートの技に触れられる参加型のプログラムなど、親子で楽しめるコンテンツが充実していることからファミリーでの参加が多いのが特徴。秋開催の「New Acoustic Camp」(P.90)は姉妹関係のフェス。

ARTISTS

山崎まさよし、HY、奥田民生、小野あつこ、横山だいすけ、OAU

ACCESS

東名高速道路「御殿場IC」から車で約30分。

| 実行委員会コメント | おむつ交換所や授乳室、はいはいエリアなど子どもに優しいエリアづくりをしています。音楽、アクティビティ、ロケーションなど推したいポイントがたくさんあるフェスです！
ACO CHiLL CAMP 実行委員会 |

©ACO CHiLL CAMP

STARFESTIVAL

【スターフェスティバル】

📍エリア 京都府 京都府立府民の森ひよし
🗓時期 5月中旬　🏠屋内外 野外

ダンスミュージックフリークが
全国から京都に集う！

西日本を代表するダンスミュージックフェス、通称「スタフェス」。京都府南丹市にある広大な森林公園で、国内外の著名DJのプレイをオールナイトで楽しめる。都市型のレイブ的な雰囲気もありながら、オートキャンプやヨガエリアなどキャンプサイトも充実。緑に囲まれたダンスフロアで朝まで踊り明かそう！

ARTISTS

GOLDIE、CLIPZ、FUMIYA TANAKA、OKADADA、MOVE D

ACCESS

JR山陰本線「園部駅」より有料シャトルバスで約25分(片道500円)。

| 実行委員会コメント | テントサイト、ステージ全てが一体型となった広大な森林公園が会場なので、遊びやすくなっています。会場を少し下った所にある「スプリングスひよし」では、温泉やサウナも楽しめます。
Starfestival 実行委員会 |

© STARFESTIVAL

ARIFUJI WEEKENDERS

【アリフジ ウィークエンダーズ】

📍エリア 兵庫県 三田市有馬富士公園
🗓時期 5月中旬　🏠屋内外 野外

人気フェス運営チームの新提案
週末の贅沢フェス体験

8月に開催される「ONE MUSIC CAMP」(P.77)の運営チームが2023年に立ち上げた都市型の野外フェス。緑に囲まれた広大な公園に、地元の人気店や名産などが並ぶ。また、会場内には三田市在住の著名な彫刻家・新宮晋氏による、動く彫刻が展示された「風のミュージアム」が併設されている。

ARTISTS

indigo la End、スチャダラパー、OKAMOTO'S、DYGL、CHAI

ACCESS

JR「新三田駅」から無料シャトルバスで約10分。車での来場はNG。

| 著者コメント | 兵庫県出身ということもあり、初開催時からステージMCを担当しています。"フェス×ローカル"の新しい可能性を感じる温かいフェスティバルです。
津田昌太朗 |

©Hiroshi Maeda

04　APR.

05　MAY

06　JUN.

07　JUL.

08　AUG.

09　SEP.

10　OCT.

11　NOV.

12　DEC.

01　JAN.

02　FEB.

03　MAR.

APR. 04

MAY 05

JUN. 06

JUL. 07

AUG. 08

SEP. 09

OCT. 10

NOV. 11

DEC. 12

JAN. 01

FEB. 02

MAR. 03

COMING KOBE
【カミング コウベ】

📍エリア 兵庫県 神戸メリケンパーク
📅時期 5月中旬　🏠屋内外 野外

神戸からの恩返し!
国内最大級のチャリティーフェス

阪神淡路大震災をきっかけにスタートした入場無料のチャリティーロックフェス、通称「カミコベ」。震災を風化させずに語り継ぐことや、様々な地域で起きた災害への復興支援を目的に、会場内で募金を募っている。ラインナップはロックバンドが中心で、地元バンド・ガガガSPが毎年トリを務める。

ARTISTS
ガガガSP、ROTTEN GRAFFTY、THE BACK HORN、w.o.d.

ACCESS
JR神戸線「元町駅」東口より徒歩約10分。

| 主催者コメント | 阪神淡路大震災生まれの入場無料チャリティーロックフェス「カミコベ」。減災&防災を学べるよ。会場内募金で被災地復興支援を行ってるよ。音楽はいつだって君の味方なんだよ。
風次（COMING KOBE 実行委員長/KOBE 太陽と虎 園長） |

©COMING KOBE

KOBE MELLOW CRUISE
【コウベ メロウ クルーズ】

📍エリア 兵庫県 神戸メリケンパーク
📅時期 5月下旬　🏠屋内外 野外

神戸の絶景ロケーション!
ヒップホップ主体の都市型フェス

神戸メリケンパークにて開催されるヒップホップを主体とした野外フェス。旬のアーティストのライブを心地よい海辺で味わうことができる。また、中華街・南京町が近いこともあり、中華街の装飾や提灯が並ぶのも特徴。夜になると神戸を象徴する建物がライトアップされたりと、神戸ならではの景色も楽しめる。

ARTISTS
Awich、BIM、LEX、Nariaki Obukuro、STUTS、kZm

ACCESS
JR神戸線「元町駅」東口より徒歩約10分。

| 主催コメント | ポートタワーやショッピング施設「MOSAIC」、アクアリウム「átoa」なども徒歩圏内!
KOBE MELLOW CRUISE にお越しの際は、寄り道して神戸の魅力を発見してください。
キョードー大阪 元井咲奈 |

©KOBE MELLOW CRUISE

豪雪 JAM
【ごうせつジャム】

📍エリア 新潟県 十日町アウトランド
📅時期 5月下旬　🏠屋内外 野外

春開催でも魂はそのまま!
十日町を盛り上げるローカルフェス

日本有数の豪雪地・新潟県十日町市で開催される野外フェス。雪上ステージが特徴の冬フェスだったが、コロナ禍以降は春の開催に変更。「魂はそのままで、名前も豪雪JAMのまま」という主催者・樋熊氏の言葉通り「十日町を盛り上げたい」という想いは変わらず、市民と有志によってフェスが継続されている。

ARTISTS
切腹ピストルズ、DÉDÉ MOUSE、KOTT、MURO、EOW

ACCESS
関越自動車道「越後川口IC」から車で約20分。

| 主催者コメント | フードブースは地元だけの出店で、自慢のラインナップ。
アーティストもお客さんもみんなで乾杯だ〜。
樋熊篤史 |

© 豪雪 JAM

FFKT
【エフエフケーティー】

常に新しさを提示し続ける
国内屈指のオールナイトフェス

前身フェスの「TAICOCLUB」時代から、国内で貴重なオールナイトフェスかつ独自性の強いラインナップで高い人気を誇ってきたFFKT。会場として親しまれていた長野県こだまの森での開催を経て、2023年秋には静岡・伊豆にて開催。今後の新しい展開にも期待したい。

ARTISTS
GEZAN、青葉市子、Gigi Masin、CMYK、MOODMAN

ACCESS
開催年によって会場が異なるため公式サイトで確認を。

主催者コメント	2024年もFFKTのスピンオフとしてホテル伊豆急にて「海沿いで最高の音楽を」をテーマに「FFKT 2024 Izu Shirahama」を秋に開催。

Hyota Otani

*開催年ごとに変更あり　©FFKT

CAMPASS
【キャンパス】

地元アーティストらによる
DIYなローカルフェス

千葉県・柏市を地元とするアーティストたちが立ち上げたDIYな野外フェス。音楽ライブ以外にもワークショップや子ども向けのコンテンツが豊富。また、会場では地元のスケートボードショップが主催する大会が開かれるなど、自然豊かな森のなかで様々なカルチャーを楽しめる。

ARTISTS
FILTER、With A Splash、ROMEOROCKS、Jaws Patrick America

ACCESS
JR「柏駅」から無料シャトルバスで約30分。

主催者コメント	都心から約1時間という好アクセスながら『開放的な大自然』を会場とし、若者はもちろん、家族連れにも人気が高い、関東圏内では他に類を見ない音楽フェスとなっています！

CAMPASS project 代表 ヒロイススム

©CAMPASS project

飛騨高山ジャズフェスティバル
【ひだたかやまジャズフェスティバル】

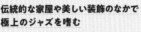
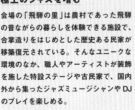

伝統的な家屋や美しい装飾のなかで
極上のジャズを嗜む

会場の「飛騨の里」は農村であった飛騨の昔ながらの暮らしを体験できる施設で、合掌造りをはじめとした歴史ある民家が移築復元されている。そんなユニークな環境のなか、職人やアーティストが装飾を施した特設ステージや古民家で、国内外から集ったジャズミュージシャンやDJのプレイを楽しめる。

ARTISTS
泉川貴広feat Dag Force & Jenny Hong、アン・サリー、DJ KAWASAKI

ACCESS
JR「高山駅」から出ている無料シャトルバスで約10分。

主催者コメント	合掌造り家屋のステージや古民家ステージなど、飛騨高山ならではの空間で音楽を楽しめます。

白石達史

© 飛騨高山ジャズフェスティバル

04　APR.
05　MAY
06　JUN.
07　JUL.
08　AUG.
09　SEP.
10　OCT.
11　NOV.
12　DEC.
01　JAN.
02　FEB.
03　MAR.

APR. 04
MAY 05
JUN. 06
JUL. 07
AUG. 08
SEP. 09
OCT. 10
NOV. 11
DEC. 12
JAN. 01
FEB. 02
MAR. 03

SAKAE SP-RING
【サカエ スプリング】

📍エリア 愛知県 名古屋市 栄一帯のライブハウス
📅時期 6月上旬　⛰屋内外 屋内

約20のステージに350組以上が出演
歩き回って新しい才能を発掘しよう!

ラジオ局 ZIP-FM が2006年に立ち上げた東海地区最大のサーキットフェス、通称「サカスプ」。名古屋・栄一帯のライブハウスを使って開催され、350組以上のアーティストが出演する。会場は端から端でもほぼ30分以内で徒歩移動可能。食べ歩きや街散策しながらフェスを楽しもう。

ARTISTS

藤巻亮太、Base Ball Bear、Cody・Lee(李)、BIGMAMA

ACCESS

名古屋市営地下鉄東山線・名城線「栄駅」から徒歩30分圏内。

主催
コメント　/　総出演者数350組越え! 　WEBには過去のタイムテーブルがあり、あのアーティストがこんな小さい会場に出ていた!という発見もあります!

ZIP-FM　久保田康司

©SAKAE SP-RING

頂-ITADAKI-
【いただき】

📍エリア 静岡県 吉田公園
📅時期 6月上旬　⛰屋内外 野外

キャンドルタイムは格別!
地球に優しい環境配慮型フェス

環境への配慮からステージ照明や音響、出店テントの照明など会場内で使用する電力をバイオディーゼル発電でまかなうのが最大の特徴で、参加者からも廃油を集めている。夕暮れ時には会場の電気を落とし、それぞれが持参したキャンドルに火を灯してライブを楽しむキャンドルタイムが設けられている。

ARTISTS

渋さ知らズオーケストラ、GOMA&The Jungle Rhythm Section

ACCESS

JR「島田駅」より無料のシャトルバスで約30分。

主催
コメント　/　夕暮れ時にキャンドルの灯のみで演出されるキャンドルタイムは必見です! ファミリーでも来やすく過ごしやすい好環境で、最高の音楽体験を堪能して下さい。

頂スタッフ山田

© 頂 -ITADAKI-

百万石音楽祭
～ミリオンロックフェスティバル～
【ひゃくまんごくおんがくさい ミリオンロックフェスティバル】

📍エリア 石川県 石川県産業展示館1～4号館
📅時期 6月上旬　⛰屋内外 屋内

人気アーティストが集結!
北陸を代表する都市型ロックフェス

北陸に大規模なフェスが定着していなかった2013年に初開催され、現在では1日30組以上が出演する北陸最大の屋内ロックフェスに。天候に左右されない屋内施設での開催に加え、金沢駅から好アクセスというのも嬉しい。北陸に緑のあるステージ名や甲冑を着た武将隊がいたりと、地元らしさを感じる要素も多い。

ARTISTS

10-FEET、ハルカミライ、SUPER BEAVER、神はサイコロを振らない

ACCESS

JR「金沢駅」から有料シャトルバスで約25分(往復1,800円)。

実行委員会
コメント　/　出演者も毎年、多彩な色・ボリュームがあり、大都市フェスに引けを取らない見応えのあるラインナップです!

百万石音楽祭2024実行委員会 / FOB企画

© 百万石音楽祭 ～ミリオンロックフェスティバル～

hoshioto
【ホシオト】

音楽好きの有志が作り出した
星空と音楽の共演に酔いしれる

普段は会社勤めをしている主催者とボランティアが作り上げるアットホームな雰囲気が特徴のローカルフェス。「最高の星空の下で最高の音楽を」をコンセプトにしており、夜は星空メッセンジャー・ササキユウタ氏による天体観測や解説トークも。キャンプ泊可で朝のラジオ体操も恒例イベント。

ARTISTS
ROTH BART BARON、androp、サニーデイ・サービス、真心ブラザーズ

ACCESS
井原鉄道「井原駅」より有料シャトルバスで約15分（片道500円）。

主催者
コメント
／ 運が良ければ世界的にも評価されている綺麗な星空を体感する事ができます！ キャンプもできて終演後に行われている天体観測会はいつも大人気です。

藤井裕士

©hoshioto

THE CAMP BOOK
【ザ キャンプ ブック】

アクティビティも豊富!
自然のなかで遊ぶキャンプフェス

建築会社のフェス好きな社員が社長に直談判してスタートした野外フェス。ユニークなきっかけではじまったフェスながら、2017年の初開催時からフェスや音楽好きのツボを押さえたラインナップで話題に。キッズエリアやドッグラン、カヤックなどのアクティビティも豊富で、夜は映画上映やDISCOも出現。

ARTISTS
ZAZEN BOYS、5lack、石野卓球、THE SKA FLAMES

ACCESS
中央自動車道「小淵沢IC」より車で約10分。

主催者
コメント
／ 絶景の南アルプスを一望できる会場は無料のリフトで回遊できます。富士見高原の名の通り、富士山が見えるスポットもあるのでぜひ会場で探してみてください。

株式会社リペア 樋口大貴

©THE CAMP BOOK

葉加瀬太郎音楽祭
【はかせたろうおんがくさい】

フェス限定のセッションも必見!
座席指定の大人なフェス

2002年から続いてきた「情熱大陸ライブ」「葉加瀬太郎 サマーフェス」を引き継ぐ形で、2019年に京都・上賀茂神社で初開催された野外フェス。現在は東京、京都の2箇所で開催しており、葉加瀬太郎氏と親交の深いアーティストの出演やコラボセッションも多い。全席指定のため自分の席でゆったりと楽しめる。

ARTISTS
葉加瀬太郎、徳永英明、奥田民生、藤井フミヤ、さだまさし、ゴスペラーズ

ACCESS
東京会場／明治神宮外苑総合球技場、京都会場／上賀茂神社（2023年）。

実行委員会
コメント
／ 「老若男女を問わない、家族連れも気軽に来られる音楽イベント」をコンセプトに、人とのつながりや笑顔といった大切なものを、新しい音楽の歴史とともに刻んでいければと思います。

葉加瀬太郎音楽祭2024実行委員会

© 葉加瀬太郎音楽祭

04 APR.
05 MAY
06 JUN.
07 JUL.
08 AUG.
09 SEP.
10 OCT.
11 NOV.
12 DEC.
01 JAN.
02 FEB.
03 MAR.

APR. 04
MAY 05
JUN. 06
JUL. 07
AUG. 08
SEP. 09
OCT. 10
NOV. 11
DEC. 12
JAN. 01
FEB. 02
MAR. 03

しゃけ音楽会
【しゃけおんがくかい】

📍エリア 北海道 札幌芸術の森 野外ステージ
📅時期 6月中旬　🅰屋内外 野外

北海道の人気冬フェスの夏版
音楽と北海道グルメを堪能しよう！

北海道の冬フェスとして人気を博している「OTO TO TABI」が新しく立ち上げた初夏の野外フェス。既設の野外ステージでの音楽ライブの他、地元のグルメやクラフトが集まる入場無料のマルシェも開催される。会場内にはキッズスペースもあるため、家族連れも安心して楽しむことができる。

ARTISTS

THA BLUE HERB、蓮沼執太フィル、七尾旅人、BENBE

ACCESS

札幌中心部から車で約40分。地下鉄南北線「真駒内駅」よりバスで約15分。

主催者
コメント　／　エゾシカなどのジビエ料理や北海道の食材を使ったメニューをはじめ、地元のブルワリーと作ったオリジナルクラフトビールなども楽しめます！

南 紹子

©minaco.

YATSUI FESTIVAL!
【ヤツイ フェスティバル】

📍エリア 東京都 渋谷区のライブハウス
📅時期 6月中旬　🅰屋内外 屋内

本気のジャンルレスを
味わいたいならやついフェスへ！

お笑いコンビ「エレキコミック」のやついいちろう氏が主催する音楽とお笑いの都市型フェス。東京・渋谷にある複数のライブハウスで音楽、お笑い、アイドル、サウナ、怪談などジャンルレスなコンテンツが楽しめる。近隣の飲食店ではリストバンドを提示するとサービスが受けられる店舗も。オンライン配信もあり。

ARTISTS

DJ やついいちろう、サニーデイ・サービス、新しい学校のリーダーズ、yonige

ACCESS

各会場までは JR「渋谷駅」より徒歩約7〜10分。

主催者
コメント　／　1日の出演者数日本最大！渋谷のライブハウスを貸し切っての都市型周遊フェス！ ミュージシャン、芸人、アイドル、文化人など日本で1番長く続くカルチャーミックスフェスです。

やついいちろう

©nishinaga "saicho" isao

SATANIC CARNIVAL
【サタニック カーニバル】

📍エリア 千葉県 幕張メッセ国際展示場
📅時期 6月中旬　🅰屋内外 屋内

PIZZA OF DEATHが主催する
パンク・ラウド・ハードロックの祭典

インディーレーベル「PIZZA OF DEATH」が主催するDIYフェス。シーンで活躍する若手からベテランまでが一堂に集結し、さらにはグラフィックアーティストの作品展示やライブペインティングがフェスを盛り上げる。2023年にはHi-STANDARDとして、ドラマー・恒岡章の逝去後、初のライブが行われた。

ARTISTS

Hi-STANDARD、10-FEET、04 Limited Sazabys、Ken Yokoyama

ACCESS

JR京葉線「海浜幕張駅」から徒歩約5〜15分。

主催
コメント　／　パンク・ラウドロックカルチャーに特化した音楽フェスティバルです。

PIZZA OF DEATH RECORDS

©SATANIC CARNIVAL

OUR FAVORITE THINGS
【アワー フェイバリット シングス】

📍エリア 岐阜県 各務原市「村国座」
📅時期 6月中旬　🎪屋内外 屋内

各務原市の職員が地域活性を目的に企画したローカルフェス

2009年に岐阜県各務原にある国指定重要有形民俗文化財「村国座」でスタートしたローカルフェス。市役所の職員が企画し、シティプロモーションの一貫としてフェスが行われている。規模拡大に伴い、2014年からは「河川環境楽園」に移転したが、コロナ禍以降は"reprise"と称し、再び村国座での開催に。

ARTISTS
カジヒデキ、柴田聡子、Shin Sugawara (SAMO EDO)、HALFBY

ACCESS
東海北陸自動車道「岐阜各務原IC」から車で約30分。

主催者コメント
初期の OFT のように「村国座」でオールスタンディング、フードやドリンクを片手に音楽を楽しんでもらう「バックトゥザベーシック」な楽しみ方をしてもらえたら嬉しいです。
廣瀬真一

©OUR FAVORITE THINGS

DEAD POP FESTiVAL
【デッド ポップ フェスティバル】

📍エリア 神奈川県 川崎市東扇島東公園
📅時期 6月下旬　🎪屋内外 野外

こだわりのアーティストが集結！SiM主催のロックフェス

湘南出身のレゲエ・パンクバンドSiMが主催するロックフェスで、SiMと縁のある"ライブ"に特化したアーティストがラインナップされる。2010年からライブハウスで開催されてきたが、2015年からは野外開催に。「楽器をもっと身近に感じてほしい」という想いで設置された演奏可能な楽器展示ブースも人気。

ARTISTS
SiM、10-FEET、SUPER BEAVER、SPARK!! SOUND!! SHOW!!

ACCESS
川崎競馬場特設シャトルバス乗り場から約25分。

主催者コメント
湘南出身レゲエ・パンクバンド SiM が「壁を壊す」の言葉を合い言葉に、SiM の呼びかけにより全ての壁を越え "ライブバンド" が一堂に会すイベント。
SiM

©DEAD POP FESTiVAL

YON FES
【ヨン フェス】

📍エリア 愛知県 愛・地球博記念公園
📅時期 6月下旬　🎪屋内外 野外

04 Limited Sazabys主催地元愛溢れるロックフェス

04 Limited Sazabys（以下、フォーリミ）が地元・愛知で2016年に立ち上げた野外フェス。同年代のバンドはもちろん、レジェンドから若手まで幅広いラインナップが揃う。フォーリミのメンバーが様々なライブにサプライズ登場するのも毎年恒例。4月開催が定番だったが2024年は6月開催に。

ARTISTS
04 Limited Sazabys、ウルフルズ、緑黄色社会、My Hair is Bad、フレデリック

ACCESS
JR「名古屋駅」より地下鉄・名鉄バス経由で約40分。

主催者コメント
僕達は全国各地で活動していますが、YON FES は僕らの活動を持ち帰る場所です。何処にも属せなかった僕達が、仲間の猛者達とやり合い確かめ合う、大切な居場所です。
04 Limited Sazabys GEN

© 日吉 "JP" 純平

04	APR.
05	MAY
06	JUN.
07	JUL.
08	AUG.
09	SEP.
10	OCT.
11	NOV.
12	DEC.
01	JAN.
02	FEB.
03	MAR.

#01 10-FEET（京都大作戦主催）

Interview_Shotaro Tsuda Photogragh_
Itaru Chiba /Text_Satomi Ishida

" 俺らだけの「かっこいい」という感性を "
貫いていったら、こうなれるかも

——京都大作戦以外で印象に残っているフェスや、初めて出たフェスの思い出はありますか。

TAKUMA 2001年の Sky Jamboree がフェス初出演かな。あのときはライブハウスでもお客さんが20人入ったらいい方っていう時代で。

NAOKI そんなときに呼んでいただいて、何千人もいる前で演奏させてもらえて。しかも出演順が1組目にTHE HIGH-LOWS、2組目に KEMURI、3組目が僕らっていう。観客からしたら「誰やねん！」ってやつが途中に出てくるっていう（笑）

——京都大作戦の立ち上げはフェスの初出演から考えると少し後になると思うのですが、自分たちでフェスを作りたいという思いはずっと持っていたのでしょうか。

TAKUMA 昔の僕らにとって野外フェスに出演するというのは非現実的だったというか。もちろん憧れはあるけれど、具体的に目指すという感覚がなかったんです。意識が変わったのは Hi-STANDARD（以下、ハイスタ）主催の AIR JAM を知ってからですね。主催側に頼んで出演させてもらうとか、オーディションにクリアしたらというわけではなく「自分らでやればええやん、俺らがかっこいいって思うアーティストだけ集めよう」っていうスタンスが衝撃的で。サマソニやフジロックに出たいという僕らの憧れをはるかに超えてきているというか、ドキドキの質が違いましたね。俺らだけの「かっこいい」という感性を貫いていったら、こうなれるかもっていう目標を与えてくれた存在です。

——京都大作戦がスタートするきっかけや、影響を受けたフェスは AIR JAM だったということですね。

NAOKI スペースシャワー TV でオンエアされていた映像を録画して、ビデオテープが擦り切れるほど観ていましたからね。

KOUICHI AIR JAM に出たいというより、こういうフェスをやりたい！と考えるきっかけになったというか。

NAOKI それで、結成10周年を迎える年に1回きりでいいからフェスをやろうという話になって。

TAKUMA AIR JAM ってハイスタだけでも相当の動員数じゃないですか。当時の僕らが同じように観客を動員できるかというと厳しい話で。だから本当に1回きりのつもりだったんです。これはメンバー間で話し合った結果とかではなく、暗黙の了解みたいな感じで。

京都大作戦の
紹介ページは
P.66をチェック!

——単発で終わるはずだった大作戦も2024年で17回目を迎えるわけですが、どのタイミングで継続していくことを決めたんですか。

NAOKI 1回きりだったはずのフェスが悪天候で中止となり、その翌年が実質初開催になるんですけど、打ち上げの時に「来年も呼んでや」と言ってくれる方が多くて。当時それを聞いた時には「いやいや、もう来年とかないから」って話していたんですけど「絶対続けなきゃダメでしょ」と助言してくれる方もいて。

KOUICHI そこで僕らも「来年もやった方がいいのかな」と思い始めたんです。会場やバックヤードの雰囲気も良くて、居心地が良かったというのも大きいですね。

出演アーティストとのコラボやサプライズも多数!

——もしスムーズに初回開催が行われていたら、アニバーサリーイベントとしてスパッと終わっていた可能性もあったということですか。

NAOKI 綺麗に終わっていたと思いますよ。10周年記念、完結! みたいな感じで。やっと実現できた京都大作戦の開催を祝ってくれるというか「ほんま、10-FEETよかったな〜」っていう独特の空気感があった。

—— 大作戦は中止になった翌年は2週連続で開催されてますよね。2週とも違うアーティストが出演するのでブッキングもかなり大変かと思うのですが。

KOUICHI ありがたいことに、大作戦の中止が決まると翌年のスケジュールを空けてくれる方が多くて。1週目は中止になった年の、2週目は今年のラインナップと分けているのですが、2week開催が決定した時点で、1週目のブッキングはほぼ固まっている状態なんですよ。

TAKUMA 毎年出てほしいバンドがたくさんいるので、「両方出てほしいけど、タイミング的に今はこっちにオファーさせてもらおう」という難しい選択をしなければならないですね。本当だったら5daysとかやって出演してほしいバンド全部に声かけたいというのが本音です。

——京都大作戦を継続していくうえで、バンドや個人、運営チームとして大切にしていることを教えてください。

NAOKI 来場者のストレスはなるべくゼロにしたいですね。開催当初は運営についてたくさんのご意見をいただいて。それを少しずつ改善していってはいるんですけど、まだ完成形ではないです。

KOUICHI 僕個人としては自分が一番楽しむというのを大切にしていますね。そういう気持ちで周りに接して、いろんなバンドを観たり話したり。来場者はもちろん、出演者にも思う存分楽しんでもらいたいなと思います。

TAKUMA 音楽的なことであったり、出演者との過ごし方もそうですけど「この1年間で心がけてきたことの集大成を観せられたらいいな」という気持ちで大作戦に臨んでいるので、後で振り返ったときに「今年が一番良かった」と思えるような楽しみ方をしたい。良い状態でいられるように調整するとか、無理に頑張るということはないけど、大作戦は1年間でアップデートされた部分が自然と出る場所だと思っていて。それは僕らだけではなく出演バンドにも毎年感じています。お互いに高め合っている雰囲気というか。

——毎年ベスト更新をしていますか。

TAKUMA 更新できていないこともありますよ。振り返ってみて今年は空回りしてたな〜って。更新であれ!とは思っていますね、毎年(笑)

—— 最後に皆さんの思い出に残っているエピソードを教えてください。

NAOKI 2017年に落雷で中断したときですね。再開できるとなったときに、マキシマム ザ ホルモンやROTTENGRAFFTYが曲数削って時間調整をしてくれたり、スタッフさんは転換のたびに猛スピードで作業してくれて。20時までには音止めしなきゃいけないっていう状況で、みんなに助けられた感が強かったです。

KOUICHI 5〜10分くらいで転換してたよね。普通ならありえないスピードで、スタッフさんたちの想いを感じました。

NAOKI まさに火事場の馬鹿力だと思います。出演者に対しては僕らが招いた側なのに曲を削ってもらうことの申し訳なさもあって。最初は僕らのライブはしなくてもいいと思っていたんですけど、「絶対に10-FEETは1曲でもいいから演奏した方がいいよ」と言ってくれて。全スタッフさんも含め、10-FEETのために動いてくれているというのが伝わってきて、本当に嬉しかったです。

京都大作戦

【きょうとだいさくせん】

📍エリア 京都府 京都府立山城総合運動公園太陽が丘特設野外ステージ　📅時期 **7月上旬**　👤屋内外 **野外**

こんな人におすすめ　**一体感のあるライブを野外で楽しみたい人**

圧倒的な"一体感"を味わえる!
10-FEET主催のロックの祭典

アーティスト、ファン、スタッフの愛が生み出すバイブスを体感!

動きやすい服装で!
雨天時は泥にも注意

10-FEET と縁が深く、"ライブが熱い"アーティストが一堂に会するロックフェス。2007年当初は10-FEET結成10周年を記念した1日限りの開催予定だったが、台風の影響で中止。しかし、翌年2008年には、前年とまとめて2年分を開催し、以降は野外フェスとして定着した。「今年は可能な限り全フェスに参加してくだ祭!」(2023年)など、サブタイトルにその年にこめた願望や決意の言葉が並ぶのも恒例。

POINT

アーティスト主催ならではの一体感!
オーディエンスの熱量は国内随一
バスケットボールの試合観戦も

TICKET

冬ごろに先行販売スタート。公式サービス「はんなり会プラス」に入会すると、最速チケットや限定グッズの購入ができる。入場料：約9,000～21,000円(1日～2日券)

ACCESS

近鉄京都線「大久保駅」、京阪宇治線「京阪宇治駅」から有料シャトルバスで約15分。JR「京都駅」からの臨時直行バスも運行している(約50分)。

ARTISTS

10-FEET、ROTTENGRAFFTY、coldrain、Dragon Ash、ORANGE RANGE、マキシマム ザ ホルモン、dustbox、Ken Yokoyama
(2023年開催時)

STAY

会場が日本有数の観光地ということもあり、周辺ホテルの予約は早めに。バスの利用を考え、「宇治駅」、「大久保駅」、「京都駅」周辺の宿泊施設を早めに押さえておこう。

数々の伝説が
ここで生まれる!

ロックだけでなく、ヒップホップやレゲエなど多彩な顔ぶれが2つのステージに次々と登場。締めくくりとしてトリを10-FEETが飾る。Hi-STANDARDメンバーのサプライズ登場による「STAY GOLD」演奏（2013年）や、雷雨によるフェス中断後の全バンド出演（2017年）など、数々の伝説が今でも語り継がれている。

個性的なグッズやコラボも多数!

グッズの豊富さと、それを身に纏う参加者が多いのも、このフェスの特徴のひとつ。アパレルだけでなく、京菓子とのコラボや、コロナ禍以降に登場したソーシャルディスタンスや日除けとして活躍するKiUの万能傘など、10-FEETらしいユニークなアイデアやコラボアイテムも毎年人気。

フェス会場内で
バスケットボールの試合観戦もできる!

京都大作戦は「音楽×バスケ」を目の前で体験できる珍しいフェス。会場内の鞍馬ノ間（体育館）では、バスケットボールの3on3のトーナメント戦「京都大作戦杯」が行われ、さらに音楽にあわせたパフォーマンスも披露される。体育館は休憩所としても利用可能。

Tシャツはキッズサイズも展開!

京都大作戦の YORIMICHI

10-FEETが結成された
びっくりドンキー

京都御苑近くの「びっくりドンキー河原町店」は10-FEETが結成されたお店。フェス会場から電車で1時間程度かかるが、ファンは必ず訪れておきたい聖地だ。ちなみに結成されたその日にTAKUMA氏が食べていたのは、「カリーバーグディッシュ」と「びっくりフライドポテト」とのこと。

カリーバーグ
ディッシュ

びっくり
フライドポテト

INFO

びっくりドンキー河原町店
⌂ 〒602-0873　京都府京都市上京区河原町丸太町下ル伊勢屋町396-1 ☎075-223-1411 ⏰8:00〜0:00（L.O. 23:30）

04	APR.
05	MAY
06	JUN.
07	JUL.
08	AUG.
09	SEP.
10	OCT.
11	NOV.
12	DEC.
01	JAN.
02	FEB.
03	MAR.

SPACE SHOWER SWEET LOVE SHOWER

【スペースシャワー スウィート ラブ シャワー】

📍エリア **山梨県 山中湖交流プラザ きらら** | 📅時期 **8月下旬〜9月上旬** | 🏠屋内外 **野外**

こんな人におすすめ **夏の締めくくりに大規模フェスを楽しみたい人**

ラブシャで日本の夏を締めくくる!
壮大な景色のなかで音楽に酔いしれる

世界文化遺産の富士山&山中湖をバックにしたライブは圧巻!

標高が高いので都心より涼しい。気候の変化に注意

スペースシャワー TV が主催する山梨の野外フェス、通称「ラブシャ」。その歴史は古く、初開催は 1996 年の日比谷公会堂。2007年以降は山中湖交流プラザ きららに場所を移し、日本の夏フェスシーズンを締めくくる大規模フェスとして定着した。山中湖畔の自然溢れる環境のなかで行われるライブは格別。天候がよければ富士山の絶景を望みながらのライブを味わえる。

POINT

富士山&山中湖を望みながらの絶景ライブ
熱気球やカヌーなどアクティビティ豊富
フェス初心者にも優しい会場環境やアクセス

TICKET

1日券から3日通し券まで販売。一般販売が始まると即完売になることも珍しくないので、なるべく早めにチケットの確保を。入場料:約14,000〜40,000円(1〜3日券)

ACCESS

東名高速道路、中央自動車道「山中湖IC」から車で約18分。駐車場を利用する場合は別途駐車券の購入が必要。各主要都市よりオフィシャルツアーの運行がある。

ARTISTS

10-FEET、SEKAI NO OWARI、back number、ザ・クロマニヨンズ、あいみょん、ASIAN KUNG-FU GENERATION(2023 年開催時)

STAY

徒歩圏内から送迎付きエリアまでオフィシャルの宿泊プランが用意されている。ホテルや旅館だけでなく、グランピングなども選べるが、どこも早めの予約がベター。

夜になると
また違った雰囲気に

全ライブを楽しめるように
時間が被らないような配慮も

新人からレジェンドまで、国内アーティストが4ステージに次々と登場するラブシャだが、「1組でも多くのアーティストのライブを体験してもらいたい」という想いから、できるだけライブ時間が被らないように、各ステージで少しずつスタート時間がずらされている。会場もコンパクトなのでライブ途中で移動すれば、物理的にはすべてのライブを観ることも可能だ。

個性的なメニュー名にも注目！

ここでしか食べられない！
アーティストコラボ飯

フードエリアでは、定番のフェス飯や山梨ご当地メニューが揃っている。また「スペシャキッチン」では出演アーティスト監修の個性溢れるメニューが味わえる。購入者特典で数量限定のプレゼントがもらえることもあるため、お目当てのアーティストのメニューは来場前に公式サイトでチェックしておこう！

大自然を感じて遊ぶ
アトラクションも充実！

山中湖でのカヌー、クライミングウォールなど体を動かすアトラクションの他、山中湖の気持ちいい風を受けながら熱気球に乗ることもできる。上空から会場、山中湖、富士山を望むというラブシャならではの絶景を味わえる。そしてライブ後の恒例、打ち上げ花火で夏を締めくくろう！

ラブシャの YORIMICHI

山中湖周辺の
温泉もおすすめ

会場から車で5〜15分圏内には、冷え性や美肌に効能がある高アルカリ温泉「石割の湯」や、日本情緒豊かな庭園と露天風呂で富士の絶景を味わえる「紅富士の湯」も。フェスで疲れた身体を温泉で癒そう。

画像提供：山中湖温泉 紅富士の湯

INFO

山中湖温泉 紅富士の湯
⌂ 〒401-0501 山梨県南都留郡山中湖村山中865-776
☎ 0555-20-2700 ⏰【平日】11:00〜19:00（最終受付18:15）、【土・日・祝日】11:00〜20:00（最終受付19:15）※定休日／火曜日

04 APR.
05 MAY
06 JUN.
07 JUL.
08 AUG.
09 SEP.
10 OCT.
11 NOV.
12 DEC.
01 JAN.
02 FEB.
03 MAR.

プロデューサー
コメント

晩夏の風物詩・ラブシャは会場である自然豊かな山中湖と標高1,000mの涼しい気候が特徴。スペースシャワーTV主催ならではの出演者たちが富士山を背に歌う姿は圧巻。
プロデューサー 粟花落崇

RUSH BALL

【ラッシュ ボール】

エリア 大阪府 泉大津フェニックス　**時期** 8月下旬　**屋内外** 野外

こんな人におすすめ 開放感のあるフィールドで大音量のロックを浴びたい人

ロックシーンを支えるバンドが大集結！
西日本を代表する老舗ロックフェス

夏を感じる会場で感情を揺さぶる音楽を新たに発見できる！

昼間は徹底した
熱中症対策を

1999年にスタートした西日本最大級のロックフェス、通称「ラシュボ」。8月の最終週に行われるため、「大阪の夏を締めくくる音楽フェス」としてロック好きはもちろん、多くのアーティストからも愛されている。2020年には、新型コロナウイルスの影響でほとんどの夏フェスが開催を断念するなか、徹底した対策を行った上で開催を成功させ、日本のフェス文化のバトンをしっかりと繋いだ。

POINT

日本を代表するロックバンドが大集合
被りなしの2ステージで音量規制のないライブ
日本のロックフェスには珍しい海外展開も

TICKET

通し券の販売はないため、各日の1DAYチケットが必要になる。シャトルバスを利用する場合は入場券とあわせて乗車券も購入しよう。入場料：約10,000円(各日)

ACCESS

阪神高速4号湾岸線「助松出口」、「岸和田北出口」より車で約15分。泉大津市シーバスパークよりシャトルバスで約10〜20分(往復1,000円)。

ARTISTS

SUPER BEAVER、Dragon Ash、[Alexandros]、クリープハイプ、THE ORAL CIGARETTES、10-FEET(2023年開催時)

STAY

泉大津市シーバスパークからのシャトルバスの利用を考えると、南海線沿線で宿探しをするのがベスト。会場までアクセスが良い、南海本線「なんば駅」周辺がおすすめ。

ステージ間の最短
移動時間は 30 秒

2ステージで交互にライブ
音量制限はなし!

ラッシュボールはメインステージと ATMC ステージの 2 ステージ制。ライブ時間が被ることはなく、出演アーティストのライブをすべて観ることができる。また会場は音量規制がないため爆音ライブが味わえるのも魅力。ステージ前方はスタンディングエリア、後方は日傘使用可能なシートエリアもあるので、自分のスタイルにあった過ごし方で楽しもう。

充実のコラボグッズに加え
NFTプレゼントも

スター・ウォーズやトムとジェリーといったキャラクターものから、レイングッズブランドの KiU、バッグブランドの master-piece など、関西発のブランドコラボも。また、2023 年には、参加者限定で各日デザインの異なる NFT*がプレゼントされ、フェスに参加した記録をブロックチェーン上に残せるという、新しい取り組みも行われた。

＊デジタルアートとブロックチェーン技術を掛けあわせたもので、唯一性が担保されたアート作品のこと。

事前イベント&アジア展開も!

春には若手バンドが中心に出演するプレイベント「RUSH BALL ☆ R」が行われ、ここで 8 月の出演アーティストが発表されるのが恒例の流れ。さらに、国内フェスでは珍しく海外展開を行っており、2018 年には台湾で初開催。2023 年には「RUSH BALL in 台湾 on the ROAD」と銘打ち、3 日間にわたり、[Alexandros]、Creepy Nuts、Saucy Dog.TENDOUJI らが出演。日本の老舗フェスだからこそ為せる海外との橋渡し。台湾旅行とあわせて参加してみては？

ラシュボの YORIMICHI

シャトルバス発着所が
新名所に!?

泉大津市は日本一の毛布の街ということで、シャトルバスの発着地である大型公園シーパスパーク内には羊のオブジェが設置されている。2023 年に完成したばかりで、今後はレストランも開業予定とのこと。フェスとともに、公園の進化もチェックしてみて。

公園内の各所に羊を
かたどったオブジェが

INFO

**SHEEPATH PARK
（シーパスパーク）**
🏠〒595-0067 大阪府泉大津市小松町 1-55 📞0725-99-8550 ⏰営業時間：公園、駐車場、駐輪場／24 時間　パークセンター／10:00 ～ 21:00
🌐 https://sheepathpark.com

主催者
コメント
／
泉大津フェニックスでの開催も 20 年目（2005 年～）になります。開放感あふれる音量規制のないロックな音をぜひ浴びにきてください。

力竹総明

04 APR.
05 MAY
06 JUN.
07 JUL.
08 AUG.
09 SEP.
10 OCT.
11 NOV.
12 DEC.
01 JAN.
02 FEB.
03 MAR.

71

APR. 04
MAY 05
JUN. 06
JUL. 07
AUG. 08
SEP. 09
OCT. 10
NOV. 11
DEC. 12
JAN. 01
FEB. 02
MAR. 03

JOIN ALIVE

【ジョイン アライブ】

📍エリア **北海道 いわみざわ公園** 📅時期 **7月中旬** ⛺屋内外 **野外**

こんな人におすすめ **過ごしやすい気候のなかで野外フェスの雰囲気を満喫したい人**

快適な環境で音楽を楽しめる
北海道ならではの夏フェス

遊園地&音楽堂での開催でフェス初心者&家族連れにも優しい

夜は肌寒くなるので
寒さ対策も

© 山田洋輔

初夏の北海道・岩見沢で開催される音楽フェス。いわみざわ公園内の「野外音楽堂キタオン」と北海道最大の観覧車がある遊園地「北海道グリーンランド遊園地」の2エリアで行われ、世代やジャンルを超えた幅広いラインナップを楽しめる。遊園地常設のレストランに加え、地元・岩見沢を中心としたフードも魅力。

遊園地という
立地を活かした会場

© 山口好未

遊園地内の施設やトイレなども使用することができる。フェスの入場券に遊園地の入場料(乗り物利用料は別途)も含まれているので、フェスの合間にあわせて楽しもう!

JOIN ALIVEの YORIMICHI

こだわりの北海道産!

地元産のミニトマトジュースやジャムはお土産にも最適! フェス会場からも近いので帰りにぜひ。

INFO

NORTH FARM STOCK SHOP & CAFE

🏠〒068-0833 北海道岩見沢市志文町292-4 ☎0126-35-5251 ⏰【1~3月】10:00~17:00(L.O.16:00)、【4~12月】10:00~18:00(L.O.17:00 ※ソフトクリームと一部ドリンクは17:30)※無休(年末年始を除く)

画像提供：NORTH FARM STOCK STOCK SHOP & CAFE

TICKET

入場券だけでなく、駐車券も早めの購入がベター。入場券：約14,000~28,000円(1~2日券)

ARTISTS

AI、sumika、女王蜂、羊文学、クレイジーケンバンド、杏里(2023年開催時)

ACCESS

「札幌IC」より車で約30分。「岩見沢ターミナル」より有料シャトルバスで約15~30分(片道300円)。札幌、旭川発着のシャトルバスも。

主催者
コメント

北海道の緑豊かな大地で音楽・遊園地・グルメ・キャンプを楽しめるイベントです。中学生以下は入場無料!ぜひご家族で遊びに来てください。

山本 博之

ap bank fes

【エーピー バンク フェス】

📍エリア **静岡県 つま恋リゾート 彩の郷** 🗓時期 **未定** ⛰屋内外 **野外**

こんな人におすすめ **環境保全や復興支援といったap bankの活動に共感する人**

音楽フェスを通して環境問題や
サステナブルな社会を考える

環境問題を身近に捉え、それぞれのアクションに変える

熱中症対策の他、
着替えもあるとベター

04 APR.

05 MAY

06 JUN.

07 JUL.

08 AUG.

09 SEP.

10 OCT.

11 NOV.

12 DEC.

01 JAN.

02 FEB.

03 MAR.

小林武史、櫻井和寿、坂本龍一によって設立され、自然エネルギーや環境保全活動への融資、復興支援活動など行う「ap bank」主催の音楽フェス。ステージでは櫻井＆小林のBank Bandがホストを務め、Mr.Childrenも毎回出演。開催の有無は年ごとに判断され、オープニングで演奏されることが多い「よく来たね」「to U」等の楽曲にメッセージが込められている。

フェスのテーマが隅々まで浸透

会場では環境にも体にも配慮されたフードや商品が販売され、リユースカップやマイカトラリーを推奨、マイ食器洗い場も設置。ワークショップなども充実。

ap bankの YORIMICHI

静岡でしか食べられない絶品ハンバーグ

静岡県で人気のハンバーグレストラン「さわやか」は、掛川本店は会場から車で約15分。掛川ICにも店舗あり。

INFO
炭焼きレストランさわやか
公式HP：https://www.genkotsu-hb.com/

TICKET

キャンプ券は3日通し券の購入者のみ申し込み可能。入場券：約12,000〜36,000円（1〜3日券）

ARTISTS

Bank Band、小田和正、宮本浩次、真心ブラザーズ、Mr.Children、アイナ・ジ・エンド（2023年開催時）

ACCESS

JR「掛川駅」より有料シャトルバスで約15〜20分（約1,200円）。名神・東名高速道路「掛川IC」より車で約5分。東京、名古屋、京都、大阪よりツアーバスが出ていることも。

スタッフ
コメント

日本の野外音楽フェスの元祖「吉田拓郎・かぐや姫コンサート インつま恋」が開催された歴史ある総合施設「つま恋 リゾート 彩の郷」もオススメです。

事務局スタッフ モリマサシ

©中野幸英

73

APR. 04
MAY 05
JUN. 06
JUL. 07
AUG. 08
SEP. 09
OCT. 10
NOV. 11
DEC. 12
JAN. 01
FEB. 02
MAR. 03

OSAKA GIGANTIC MUSIC FESTIVAL

【オオサカ ジャイガンティック ミュージック フェスティバル】

📍 エリア　大阪府 舞洲スポーツアイランド　　🕐 時期 7月中旬　　⛺ 屋内外　野外

こんな人におすすめ　旬なアーティストをいち早く夏フェスで堪能したい人

豪華アーティストが名を連ね、夏開幕を告げる大阪の野外フェス

抜群のアクセスと絶好のロケーションで熱いライブを!

動きやすさ&熱中症対策を万全に

© ヨシモリユウ

2017年にスタートした通称「ジャイガ」は、人工島・舞洲で行われる大型野外フェス。会場内にある複数のステージに1日約30組のアーティストが出演。開催が梅雨明けのタイミングということもあり、暑さ対策用の休憩スペースや混雑緩和を図るためのLINEを使用した整理券など、暑い夏フェスを快適に過ごせる環境やサービスが充実している。

© 桃子

今後活躍しそうな若手も多数登場!

ニューカマーに大きなステージを用意することが多いのもジャイガの特徴。スピンオフイベント「THE BONDS」でも若手が多く出演!

ジャイガの YORIMICHI

© 海遊館

大阪を代表する観光スポット多数!

会場から車で約10分～15分の場所には世界最大級の水族館「海遊館」や「ユニバーサル・スタジオ・ジャパン」があるので、大阪観光も楽しめる。

INFO

海遊館
🏠 〒552-0022 大阪市港区海岸通1-1-10 📞 06-6576-5501
🕐 10:00～20:00(季節により変動、入館は閉館時刻の1時間前まで)

TICKET

1～2日券に加えてプレミアムラウンジ(+7,000円)の販売も。入場券:約10,000～22,000円(1～2日券)

ARTISTS

優里、Fear, and Loathing in Las Vegas、マカロニえんぴつ、THE ORAL CIGARETTES(2023年開催時)

ACCESS

JR「桜島駅」、Osaka Metro「コスモスクエア駅」から徒歩約5～15分の場所にシャトルバス乗り場あり。会場までは有料シャトルバスで15分(往復約1,500円)。

主催コメント ／ 思いっきり音楽を浴びながら関西を中心としたフードやお酒。そして海と夕日がベストマッチする絶景のロケーションも楽しんで頂けます!

キョードー大阪　川上慎介

SUKIYAKI MEETS THE WORLD

【スキヤキ ミーツ ザ ワールド】

📍 エリア 富山県 南砺市福野文化創造センター周辺　🗓 時期 8月下旬　🚶 屋内外 屋内外

こんな人におすすめ　多国籍な雰囲気と参加型コンテンツを楽しみたい人

30年以上の歴史を持つ
日本最大のワールドミュージックフェス

地元のボランティアが作り上げる、地域に根ざした市民参加型のお祭り

地域のお祭りに参加する感じの普段着でOK

04 APR.
05 MAY
06 JUN.
07 JUL.
08 AUG.
09 SEP.
10 OCT.
11 NOV.
12 DEC.
01 JAN.
02 FEB.
03 MAR.

1991年に富山県・南砺市でスタートした国内最大規模を誇るワールドミュージックの祭典。「音楽を通しての異文化交流」をテーマに、中南米・アフリカ・アジアから集ったアーティストのライブに加え、市民参加型のコンテンツも充実。200名を超えるボランティアスタッフによって運営され、地域に根ざしたお祭りとして長く愛されている。

土曜日は街なかのパレードに参加しよう!

例年、土曜日の午後に「SUKIYAKI PARADE」が催される。参加は無料なので、県内外から集まる音楽チームや巨大人形と一緒に街を練り歩こう!

TICKET

メイン会場・ヘリオスステージのみ有料。入場券：約5,000～9,000円（1～2日券）

ARTISTS

JUPITER & OKWESS、FRENTE CUMBIERO、民謡クルセイダーズ、サラーム海上（2023年開催時）

ACCESS

JR「福野駅」より徒歩約7分。東海北陸自動車道「南砺スマートIC」より車で約5分。

スキヤキの YORIMICHI

ユネスコ世界文化遺産 合掌造り集落

会場から車で約30分の場所にある相倉（あいのくら）と菅沼（すがぬま）の2つの集落には、合掌造り家屋が多く残されており、一見の価値あり。

INFO

菅沼合掌造り集落

🏠 南砺市菅沼 世界遺産菅沼合掌造り集落 📞 0763-67-3008 🕐【4～11月】8:00～17:00（入場16:00まで）、【12～3月】9:00～17:00（入場16:00まで）

主催者コメント　／　中南米・アフリカ・アジアなどに張り巡らされたネットワークでセレクトしたラインナップ。音楽ファンも地元の方も一緒になって楽しんでいます!

リバレ・ニコラ

シーズン別
フェスガイド

APR. 04
MAY 05
JUN. 06
JUL. 07
AUG. 08
SEP. 09
OCT. 10
NOV. 11
DEC. 12
JAN. 01
FEB. 02
MAR. 03

MONSTER baSH

【モンスター バッシュ】

📍エリア **香川県 国営讃岐まんのう公園**　📅時期 **8月下旬**　🧍屋内外 **野外**

こんな人におすすめ　**四国の大自然のなかで音楽を楽しみたい人**

人気アーティストが香川に集結!
四国が誇る大規模フェス

大自然に囲まれた気持ちいい環境で、大音量の音楽を浴びる!

とにかく暑さ対策&
動きやすい服装で!

2000年にスタートした四国最大級の野外フェス。山々に囲まれた自然豊かな公園に約25,000人が集う。「空海」「龍神」の2つの大ステージが配置された芝生広場の他、飲食やグッズも楽しめる複合エリア「MONSTERcircus」、アコースティック中心の「ステージ茶堂」の3エリアでライブが楽しめる。フェス飯のうどんはマスト!

モンバスでしか観られない
コラボやセッション

2022年はWANIMA×MONGOL800のコラボが実現。2023年の清塚信也による特別企画では、豪華アーティストが続々登場し会場を沸かせた。

モンバスの
YORIMICHI

モンバスうどんを
本場で楽しもう!

会場でお土産として購入できる「モンバスうどん」は、名店「日の出製麺所」とのコラボ。会場から車で約30分の場所にあるので、足を運んでみよう!

INFO

日の出製麺所
🏠〒762-0046 香川県坂出市富士見町1丁目8-5 📞0877-46-3882 🕐お食事／11:30～12:30
販売営業時間／9:00～16:00

TICKET

入場券：約12,000～25,000円（1～2日券）

ARTISTS

Vaundy、back number、SUPER BEAVER、Saucy Dog、ケツメイシ、四星球（2023年開催時）

ACCESS

会場まで直通の有料シャトルバスが便利。JR「高松駅」、「琴平観光センター」、ことでん「岡田駅」より約15～60分（往復2,200～4,000円）。

主催
コメント
大自然の中で、「音楽」と「自然」に触れながらリフレッシュできるフェス。フェス飯で讃岐うどんもあるのでぜひ!

株式会社デューク

ONE MUSIC CAMP

【ワン ミュージック キャンプ】

📍エリア **兵庫県 三田アスレチック野外ステージ**　🗓時期 **8月下旬**　🏠屋内外 **野外**

こんな人におすすめ **関西でキャンプフェスを楽しみたい人**

04 APR.
05 MAY
06 JUN.
07 JUL.
08 AUG.
09 SEP.
10 OCT.
11 NOV.
12 DEC.
01 JAN.
02 FEB.
03 MAR.

自然のなかでみんなであそぶ！
関西圏で希少なキャンプフェス

大阪・神戸から車で1時間！快適なキャンプ環境で最高の夏の思い出を

夜は少し冷え込むので長袖持参

兵庫県・三田市で2010年にスタートした、関西では数少ないキャンプフェス。国内アーティストだけでなく、アジアを中心とした海外アーティストの出演もあり、他のフェスとは一味違ったラインナップで人気を博している。会場には、アスレチックが常設されている他、BBQやプールなども楽しめるということもあり、家族連れの参加が多い。

フェス中に
プールに入れる!?

ONE MUSIC CAMPは、プール常設の野外フェス。大人も子どもも、一緒になってはしゃいでいる姿はこのフェスならでは。プールだけのスペシャルDJも。

ワンミュージックの
YORIMICHI

子どもがフェスの
カメラマンに?!

「こどもカメラマンプロジェクト」では、プロのカメラマンから撮影のコツを教わって、子どもたちがフェス会場を撮影。夜には撮影した作品がスクリーンに上映される。

TICKET

通し券の他、レンタルキャンプ、ホテル／古民家宿泊プランも。入場券：約8,000~13,000円（1日券~2日券）

ARTISTS

ROTH BART BARON、DENIMS、踊ってばかりの国、神聖かまってちゃん（2023年開催時）

ACCESS

大阪・神戸から車でおよそ1時間。JR「大阪駅」からJR「三田駅」まで区間快速で約40分。有料の往復シャトルバスあり。駐車場は完全予約制。

主催コメント

山奥の秘境で「みんなであそぶフェス」。こどもに帰ってあそびたい大人にも、なつやすみにプールに飛び込みたいキッズにも100%満足していただけます。

株式会社ONE

APR. 04
MAY 05
JUN. 06
JUL. 07
AUG. 08
SEP. 09
OCT. 10
NOV. 11
DEC. 12
JAN. 01
FEB. 02
MAR. 03

GANKE FES.
【ガンケ フェス】

📍エリア 北海道 湯宿くったり温泉 レイクイン
🗓時期 7月上旬　🏕屋内外 野外

北海道の大自然のなかで
贅沢な音楽体験を!

酪農を営む青年が地元を盛り上げるためにスタートさせたDIYなキャンプフェス。切り立つガンケ(アイヌ神話に登場する崖)と湖という大自然に囲まれたロケーションが特徴で、ステージから徒歩数分の場所でキャンプ泊も可能。ライブの音を聴きながらのロッククライミングやSUP体験もおすすめ。

ARTISTS

RIP SLYME、DJ やついいちろう、竹内アンナ、奇妙礼太郎、ZION

ACCESS

新千歳空港から鉄道、バスで約1時間50分。

| 主催者
コメント | ／ | 湖の上でガンケに響く音楽を聴くのがとても気持ちいいと評判です‼ ぜひ大自然の中で、CHILL OUTな祝祭を体験してください‼ |

友定 雄平

©GANKE FES.

OCEAN PEOPLES
【オーシャン ピープルズ】

📍エリア 千葉県 SUNSET BEACH PARK INAGE(稲毛海浜公園内)
🗓時期 7月上旬　🏕屋内外 野外

海を感じ、海とつながる
夏本番を告げるビーチフェス

もともとは東京・代々木公園で開催されていたが、2024年から千葉・稲毛海浜公園に移転した「GREEN ROOM FESTIVAL」(P.42) 運営チームが主催ということもあり、旬なアーティストがブッキングされ、マーケットエリアには海やビーチにまつわるアイテムやフードのお店がずらりと並ぶ。入場無料エリアもある。

ARTISTS

Michael Kaneko、Blue Vintage,Sincere,UEBO、グソクムズ

ACCESS

JR総武線「稲毛駅」からバスで約15分。

| 実行委員会
コメント | ／ | プールやビーチでグッドミュージックが楽しめ、ビーチマーケットやビーチフードも充実した、海を感じ、海とつながるきっかけにあふれたビーチカルチャーフェスティバルです。 |

OCEAN PEOPLES 実行委員会

©OCEAN PEOPLES

見放題
【みほうだい】

📍エリア 大阪府 ミナミエリア
🗓時期 7月上旬　🏕屋内外 屋内

その名の通り、ライブ見放題!
元祖サーキットフェス

2008年に大阪でスタートしたサーキットフェス。約20のライブ会場で、150組以上のアーティストが出演。同タイミングで名古屋、3月には東京でも同形式のフェスが開催され、ライブハウスシーンを沸かすアーティストが集う。「TOKYO CALLING」(P.106)や「下北沢にて」(P.128)など、他のフェスとのコラボも多い。

ARTISTS

ねぐせ。、カネヨリマサル、ヤングスキニー、帝国喫茶、サバシスター

ACCESS

JR「心斎橋駅」より各会場まで徒歩約5〜10分。

| 主催者
コメント | ／ | サーキットフェスの醍醐味は街中で食べるお手軽フード! 東京新宿はケバブ! 大阪ミナミアメ村はたこ焼き! 名古屋はしげバーガー! これ食べとけば完璧です! |

CLOUD ROVER 民やん

© 見放題

CORONA SUNSETS FESTIVAL

【コロナ サンセット フェスティバル】

📍エリア 沖縄県 豊崎海浜公園　📅時期 7月上旬　⛺屋内外 野外

ビール片手にチルアウト！
世界基準のビーチフェス

世界各地で開催されているビーチフェス。日本では2015年にスタートし、アコースティック主体のアーティストからダンスミュージックまで、国内外から幅広いラインナップが揃う。プラスチックの撤廃やマイボトル推奨、フードロス削減など、サステナブルなフェスを目指した取り組みも積極的に行われている。

ARTISTS

DURANDO JONES、Moonchild、平井大、Nulbarich、yonawo

ACCESS

沖縄県庁前から有料シャトルバスで約30分（往復1,000円）。

実行委員会コメント ／ カットライムを挿して飲むスタイルで世界中から愛され続けている「コロナ エキストラ」が主催する "サンセット" と "リラックス" がテーマのビーチフェスティバルです。
CORONA SUNSETS FESTIVAL 実行委員会

＊20歳未満入場禁止 ©CORONA SUNSETS FESTIVAL

---

rural

【ルーラル】

📍エリア 開催年ごとに変更あり　📅時期 7月中旬　⛺屋内外 野外

尖ったラインナップでファンを魅了
老舗オープンエアーパーティー

シーンの最先端で活躍するDJを国内外問わずラインナップする野外フェス。コロナ禍においてはリゾートホテルを使っての開催を成功させるなど、そのチャレンジングな姿勢からファンの信頼も厚い。自然に囲まれたキャンプサイトでゆったりしつつ、夜通しダンスミュージックを浴びよう。

ARTISTS

Terrence Dixon、Sandwell District、OLAibi × Kuniyuki、Phew、Shhhhh

ACCESS

開催年によって会場が異なるため公式サイトで確認を。

主催チームコメント ／ rural が厳選する前衛的なアーティストたちの演奏を、プロフェッショナルなサウンドエンジニアによりチューニングされた音響システムのサウンドとともに楽しんでください。
rural team

©rural

LuckyFes

【ラッキーフェス】

📍エリア 茨城県 国営ひたち海浜公園　📅時期 7月中旬　⛺屋内外 野外

茨城の新しい夏の風物詩
老若男女が楽しめる音楽フェス

「茨城のフェス文化の灯を消すな！」を合言葉に2022年に立ち上がった野外フェス。幅広い世代が楽しめるように、石井竜也、杏里、相川七瀬といったフェスではなかなか観られないレジェンドの出演も毎年話題になる。ライブ撮影やSNS発信をOKとするルールを打ち出すなど、これまでにない試みが多いのも特徴。

ARTISTS

Creepy Nuts、大黒摩季、湘南乃風、J-JUN、ASKA、Awich

ACCESS

JR常磐線「勝田駅」より有料シャトルバスで約20分（片道400円）。

総合プロデューサーコメント ／ LuckyFes は音楽のクロスオーバーを実現した3世代で楽しめるテーマパーク的音楽フェスです。野村花火による毎晩10分間1,000発の花火も圧巻です。
LuckyFes 総合プロデューサー　堀 義人

©LuckyFes

04　APR.
05　MAY
06　JUN.
07　JUL.
08　AUG.
09　SEP.
10　OCT.
11　NOV.
12　DEC.
01　JAN.
02　FEB.
03　MAR.

APR. 04
MAY 05
JUN. 06
JUL. 07
AUG. 08
SEP. 09
OCT. 10
NOV. 11
DEC. 12
JAN. 01
FEB. 02
MAR. 03

GFB（つくばロックフェス）
【ジーエフビー つくばロックフェス】

📍エリア 茨城県 つくばねオートキャンプ場
🗓時期 7月中旬　🏕屋内外 野外

山々に囲まれたロケーションで
良質なラインナップが揃う!

茨城県・筑波山のふもとのキャンプ場で行われる野外フェス。主催するのは、地元でレーベル業やイベント企画などを行っている Rocket Dash Records の伊香賀氏。旬なアーティストに加えシーンの一足先を読む良質なラインナップが特徴で、フェス出演後にさらにステップアップしていくアーティストも多い。

ARTISTS
eastern youth、ドミコ、YOUR SONG IS GOOD、サニーデイ・サービス

ACCESS
常磐自動車道「千代田石岡IC」、「土浦北IC」より車で約30分。

主催者コメント／日本百名山にも選ばれている筑波山のキャンプ場で、関東でも少ない大自然と音楽を楽しめるフェス。丘から眺める会場の風景は他にはない絶景! 高校生以下は無料です。

ロケットダッシュレコード 伊香賀 守

©GFB

J-WAVE presents INSPIRE TOKYO
【ジェイウェイブ プレゼンツ インスパイア トーキョー】

📍エリア 東京都 国立代々木競技場第一体育館+周辺エリア
🗓時期 7月中旬　🏕屋内外 屋内外

渋谷のど真ん中で開催!
東京の様々な"旬"が集まる

ラジオ局 J-WAVE が毎年夏に行っていた「J-WAVE LIVE」が発展する形で生まれ変わった都市型フェス。音楽ライブや、フードを中心とした入場無料のマーケットの他、エシカルをテーマにしたコーナーなどラジオ番組と連動した企画も多い。渋谷・原宿駅からのアクセスが良く、ふらっと立ち寄れるのも魅力。

ARTISTS
Cocco、RYUJI IMAICHI、BE:FIRST、YUKI、Perfume、Def Tech

ACCESS
JR「原宿駅」より徒歩約5分。

主催コメント／J-WAVE おすすめアーティストによるライブや個性的なマーケットを展開するカルチャーフェス。2023年はやぐらを設置しての「ナイアガラ盆踊り」も大好評でした。

J-WAVE コンテンツ事業部

© アンザイミキ

MURO FESTIVAL
【ムロ フェスティバル】

📍エリア 神奈川県 横浜赤レンガ倉庫
🗓時期 7月下旬　🏕屋内外 野外

ライブハウスの熱狂を野外で!
バンドマンから愛され続けるフェス

2012年にスタートしたライブハウス発の音楽フェス、通称「ムロフェス」。主催するのは、東京・渋谷のライブハウス「Spotify O-Crest」で、フェス名は同店の店長・室氏に由来。ライブハウスで活躍するバンドの熱いライブを野外で楽しめるのが最大の特徴で、2023年にはより開放感のある横浜に移転。

ARTISTS
ハルカミライ、アルカラ、ストレイテナー、Age Factory、FOMARE

ACCESS
みなとみらい線「馬車道駅」より徒歩約6〜10分。

主催者コメント／絶対にここでしか味わえない思いや体験に心が動きます。金額も他のフェスより安く設定していることや、トラックをステージにしているのもムロフェスならではかと思います。

室 清登

©MURO FESTIVAL

NUMBER SHOT
【ナンバー ショット】

📍エリア 福岡県 福岡PayPayドーム、Zepp Fukuoka
📅時期 7月下旬　🅰屋内外 屋内

フェスデビューにも最適！
九州最大級の夏フェス

2014年の開催時から野外で実施していたが、コロナ禍以降は福岡PayPayドームに移転。2023年はZepp Fukuokaを加えての開催になるなど、九州きっての大規模屋内フェスへと進化している。フェスシーンのトレンドを反映したラインナップを快適な環境で楽しめるため、フェス初心者にもおすすめ。

ARTISTS
10-FEET、YUKI、sumika、マカロニえんぴつ、ハンブレッダーズ

ACCESS
福岡市地下鉄「唐人町駅」より徒歩約15分。会場間は徒歩約8分。

主催 コメント	フェス初心者にもおすすめ！ 福岡PayPayドームをメインステージとした夏フェスです。2024年最高の夏の思い出となるエンターテインメントをお届けします！ キョードー西日本　第二制作部　茶園朋久

©NUMBER SHOT

焼来肉ロックフェス
【やきにくロックフェス】

📍エリア 長野県 野底山森林公園
📅時期 7月下旬　🅰屋内外 野外

焼肉と音楽で街を元気に！
爆音ロックのなか、美味しい肉に舌鼓

人口1万人当たりの焼肉店舗数が日本一の焼肉の街、長野県飯田市で開催されるロックフェス。フェスを通して街の魅力を伝え、地元の誇りとなることを目的に2015年にスタート。フードエリアの焼肉専用コーナーでは、羊、豚、南信州牛といった飯田焼肉を味わえる。「手ぶら焼肉チケット」を事前に購入しよう！

ARTISTS
The BONEZ、HEY-SMITH、山嵐、ケロポンズ、PUFFY

ACCESS
JR「飯田駅」より有料シャトルバスで約10分（片道500円）。

実行委員会 コメント	日本一の焼肉の街で生まれた焼来肉ロックフェス、飯田焼肉ならではのスタイルで焼肉を頬張り、自然に囲まれて音楽（ロック）をとびきり楽しむ唯一無二のフェスティバルです。 焼来肉ロックフェス実行委員会

© 焼来肉ロックフェス

加賀温泉郷フェス
【かがおんせんきょうフェス】

📍エリア 石川県 加賀市内
📅時期 7月下旬　🅰屋内外 屋内

宴会会場がダンスフロアに!?
浴衣姿でライブを楽しむ

石川県加賀市で開催される温泉と音楽の融合をテーマにしたフェス。もともとは屋外開催だったが、2016年からは山代温泉の大型旅館を貸し切っての屋内開催に変更。宴会場やロビーなどにステージが設置され、弾き語りからDJ、アイドルまで幅広いラインナップが揃う。

ARTISTS
STUTS、奇妙礼太郎、水曜日のカンパネラ、呂布カルマ、butaji

ACCESS
JR「加賀温泉駅」から無料シャトルバスで約15分。

実行委員長 コメント	バンド、アイドルなど多彩なジャンルの音楽が複数のステージで楽しめます。温泉入浴も可能で、浴衣に着替えて加賀温泉郷の食や地酒を堪能してください。 加賀温泉郷フェス実行委員会 実行委員長 萬谷浩幸

© 加賀温泉郷フェス

04 APR.
05 MAY
06 JUN.
07 JUL.
08 AUG.
09 SEP.
10 OCT.
11 NOV.
12 DEC.
01 JAN.
02 FEB.
03 MAR.

APR. 04
MAY 05
JUN. 06
JUL. 07
AUG. 08
SEP. 09
OCT. 10
NOV. 11
DEC. 12
JAN. 01
FEB. 02
MAR. 03

男鹿ナマハゲロックフェスティバル

【おがナマハゲロックフェスティバル】

📍 エリア 秋田県 男鹿市 船川港内特設ステージ
🗓 時期 7月下旬　🏠 屋内外 野外

秋田が誇るナマハゲも登場!
男鹿を盛り上げるロックフェス

ラウドロックを主体としたバンド勢が多く出演し、主催者と親交の深い山嵐が毎年大トリを務める。男鹿市の活性化を目的とし、継続的な話題性や市内の若者たちの誇りとなるようなフェスを目指している。多数のナマハゲがステージで太鼓を叩く、OxNxDxA(男鹿ナマハゲ太鼓推進協議会。)のライブは必見!

ARTISTS

山嵐、ORANGE RANGE、SiM、OxNxDxA(男鹿ナマハゲ太鼓推進協議会。)

ACCESS

秋田自動車道「昭和男鹿半島IC」から車で約30分。

主催者
コメント

大きい建物がなく周りが海に囲まれた会場が特徴の男鹿フェス! 海の風を感じるロケーションもさることながら、音の反響がない最高の音楽を感じられる空間です。

菅原圭位

© 男鹿ナマハゲロックフェスティバル

Earth Celebration

【アース・セレブレーション】

📍 エリア 新潟県 佐渡市小木地区他
🗓 時期 8月中旬　🏠 屋内外 屋内外

自然と歴史が織りなす神秘の島
佐渡島にて音楽や食を満喫!

新潟県・佐渡を拠点に活動する太鼓芸能集団「鼓童」が、佐渡市とともに1988年から開催している音楽フェス。鼓童が招聘した国内外のアーティストによる野外コンサートの他、音楽やアート、郷土芸能に触れるワークショップや、多彩なフードや雑貨の店が立ち並ぶ野外マーケットも開催される。

ARTISTS

鼓童、その他国内外のアーティスト

ACCESS

直江津港から小木港まで船で約2時間40分。

総合プロデューサー
コメント

国内外のアーティストと鼓童が紡ぎ出す音楽を、日本海に浮かぶ佐渡島で堪能できるフェス。国境を越えた心踊る音楽や佐渡の自然、そして食をお楽しみください!

アース・セレブレーション総合プロデューサー 上之山博文

©Keigo Yamazoe

八食サマーフリーライブ

【はっしょくサマーフリーライブ】

📍 エリア 青森県 八食センター南側駐車場 特設会場
🗓 時期 8月下旬　🏠 屋内外 野外

地元グルメも堪能!
市場で開催されるフリーフェス

青森県八戸市にて行われる入場無料の野外ロックフェス。八戸市の食品市場「八食センター」のスタッフや地元のアーティストらが協力して開催している。会場が市場内ということもあり、地元の海産物などのフードも充実。「すべてのアーティストを観てほしい」という意向により事前のタイムテーブル発表はない。

ARTISTS

GOOD 4 NOTHING、HOT SQUALL、TOTAL FAT、dustbox

ACCESS

JR「八戸駅」から八食100円バスで約15分。公共交通機関での来場を。

実行委員会
コメント

「八食サマーフリーライブ」の最大の特徴として、普段は市場の普通の駐車場が2日間無料の野外フェス会場となります。音楽だけではなく、新鮮な魚介や、豊富な地酒などをご堪能ください!

八食サマーフリーライブ実行委員会

© 八食サマーフリーライブ

MUSIC CIRCUS
【ミュージック サーカス】

📍エリア 開催年ごとに変更あり
📅時期 夏〜秋　🏔️屋内外 野外

トレンドを押さえたラインナップで
大阪の夏を盛り上げる!

2014年の開催当初からEDMシーンを牽引するDJが多く出演し、ダンスミュージックフェスとして人気を博したが、J-POPやヒップホップ、さらにダンサーやアイドル、トレンドを押さえた幅広いラインナップが揃うのもこのフェスの特徴。初夏には福岡で同名義のオールナイトフェスが行われる。

ARTISTS
加藤ミリヤ、清水翔太、Awich、JP THE WAVY、LANA

ACCESS
開催年によって会場が異なるため公式サイトで確認を。

実行委員会コメント　／　音楽、花火、食、全てが揃う! 関西最大級のダンスミュージックフェスMUSIC CIRCUS!
MUSIC CIRCUS 実行委員会

©MUSIC CIRCUS

Sky Jamboree
【スカイ ジャンボリー】

📍エリア 長崎県 稲佐山公園野外ステージ
📅時期 8月下旬　🏔️屋内外 野外

1ステージならではの一体感!
幅広い世代に愛される野外フェス

1999年にスタートしたエフエム長崎主催の野外ロックフェス。初回から一貫して地元のランドマーク的存在である稲佐山公園野外ステージで開催されている。1ステージなので移動のストレスがないことに加え、その一体感は「野外のライブハウス」とも呼ばれている。幅広い客層も特徴のひとつ。

ARTISTS
10-FEET、ストレイテナー、SUPER BEAVER、go!go!vanillas

ACCESS
JR「長崎駅」より有料シャトルバスで約20分（往復1,400円）。

主催コメント　／　1999年にスタートした野外ロックフェス。8月長崎で開催するフェスとして、海と山と空に囲まれたロケーションのなか「one pray」な音楽で、平穏な世界への祈りを届けます。
エフエム長崎

© Sky Jamboree

音楽と髭達
【おんがくとひげたち】

📍エリア 新潟県 HARD OFF ECOスタジアム新潟
📅時期 8月下旬　🏔️屋内外 野外

快適なスタジアム開催!
新潟の夏を締めくくる野外フェス

「地方でも上質な音楽を」と、1996年に新潟県民会館からスタート。様々な会場を経験し、2003年に大型野外フェスへと変化させ2014年からは現在のHARD OFF ECOスタジアム新潟で開催。アクセスの良さに加え、スタンディングで楽しめるアリーナとゆったり座れるスタンド席を行き来しながら、スタイルにあわせて過ごせる。

ARTISTS
Vaundy、GENERATIONS、SUPER BEAVER、MAN WITH A MISSION

ACCESS
JR「新潟駅」より路線バスまたはタクシーで約15〜20分。

主催コメント　／　大人から子どもまで幅広い世代が楽しめるをコンセプトに新潟駅から車で15分という好立地で開催。ステージを1つにすることですべての出演者を観られるようにしました。
キョードー北陸

© 音楽と髭達

04	APR.
05	MAY
06	JUN.
07	JUL.
08	AUG.
09	SEP.
10	OCT.
11	NOV.
12	DEC.
01	JAN.
02	FEB.
03	MAR.

※ ARTISTSはすべて2023年開催時

#02
西川貴教
（イナズマロック フェス主催）

Interview_Shotaro Tsuda Photogragh_ Kazuki Sato / Hair & Make_Kaolu Asanuma (Deep-End) / Text_Satomi Ishida

PROFILE
1970年9月19日生まれ。滋賀県出身。1996年5月、ソロプロジェクト「T.M.Revolution」としてデビュー。2008年、初代「滋賀ふるさと観光大使」に任命され、県初の大型野外ロックフェス「イナズマロック フェス」主催。地元自治体の協力のもと、毎年滋賀県にて開催している。

" 夢を持ったみんなが目指してくれる場所として "
イナズマが存在する

—— イナズマロック フェスは他の音楽フェスに比べて、地域に還元するという意向が強く感じられるのですが、どういった経緯で開催することになったのでしょうか。

2008年に滋賀ふるさと観光大使を拝命したときに、何か自分ができることで、地元を盛り上げたいという気持ちがあって。例えば、滋賀県には神社仏閣や歴史遺産が多く存在しているんですけど、野菜や肉といった食品はお隣の京都や大阪に供給する側ということもあり、滋賀県ならではの際立った製品がなかったんですよ。コンテンツで勝負できないのであれば、他県から必ず人が訪れてくれるようなイベントを、自分がもともと携わっていたエンターテインメントを使って逆流させていこうと考えたのがイナズマロック フェス（以下、イナズマ）の始まりです。フードフェスも考えたのですが、僕の持っているカードを使いつつ、半年という短い期間で準備できるものというと音楽だったわけですね。

—— ライブ単体のコンサートというカードも使えたなかで、あえてフェスにしたのはなぜですか。

開催当時の僕は30代半ばで、その世代って先輩に引っ張ってもらう側から自分が土俵を築いていくという変換期にあたる年齢なんですよね。そのころのフェスシーンってアーティストがジャンルごとにカテゴリー分けされていたんですけど、僕自身がどの部類に属すのか分からない状態なのでフェスに呼ばれなかったんですよ。だったら自分で作ったらいいのかなという気持ちもあり。自分が興味のあるアーティストとか観てみたいし、地元の人が観たいアーティストを滋賀県に連れて行きたい、という気持ちが強いのもあり、フェスという形態を取りました。

—— 確かに、イナズマにブッキングされるアーティストってどんなフェスにも呼ばれるメジャーどころもいれば、フェスで観たことのない方も多い。イナズマは本当に"ジャンルレス"という定義を的確に示しているフェスだと思います。

コロナ禍を経て、2023年のイナズマはやっと通常開催！というところで。僕もスタッフもイナズマらしいライブを作ろうよってブッキングを行っていたんです。そういう意味では、本当に"ジャンルレス"のフェスが実施できたと思っています。特に3日目は「イナズマが音楽を始めるきっかけになった」とか「このフェスに出ることが夢でアーティスト活動を始めた」っていうアーティスト

イナズマロック フェスの紹介ページはP.92をチェック!

にも出てもらえて。それぞれの夢を抱いて会場に来てくれたっていうのはすごく有意義でしたね。

―― 04 Limited Sazabys（以下、フォーリミ）のGENさんも、西川さんとの対談でイナズマの影響を語られていました。フォーリミが主催するYON FESも2016年の開催当初から長く愛されているフェスです。

イナズマの創業メンバーがYON FESをサポートしているので、そういう意味では本当に兄弟イベントだと思ってます。GENが僕やイナズマに影響を受けたと周囲に言ってくれることには、僕だけじゃなくフェスに関わっているみんなも喜んでいるんですよ。今ではフォーリミも名古屋を代表するバンドに成長して、きちんと実績を作って結果を残しているので僕らも感慨深いです。

―― 関西だと初めて行ったフェスにイナズマを挙げる人が僕の周りでも増えています。そういう部分にも影響力というかサイクルみたいなものを感じます。

それこそNovelbright（以下、ノーブラ）の沖くんは僕のバンドabingdon boys schoolをイナズマで観て、そこから音楽を始めて今に至るんですよ。過去には風神ステージのオーディションにも出てくれて。イナズマのステージを目指してきてくれるっていうことが嬉しいし、それは僕らの励みになっていますね。だからこそ「この場所を守り続けていこう」というスタンスに徐々になってきているというか。この先も、フォーリミやノーブラが目標としてくれたイナズマでありたいと思います。

―― 2024年で16年目を迎えるイナズマですが、これから20周年、30周年と続けていく中でどうなっていくのか、西川さんが現時点で思い描く未来像はありますか。

イナズマを立ち上げた16年前と比べると、デビューの概念ってだいぶ変わってきていて、今はデビューや出演枠をかけたオーディションというものを見なくなって、活動経歴が浅くても大体の方が事務所に入っている時代なんですよ。以前はイナズマの風神ステージでも出演枠を狙うオーディションが開催されていたんですけど、体制を考え直さなくてはというタイミングで。ただ先ほどもお話ししたように夢を持ったみんなが目指してくれる場所としてイナズマが存在するという形を続けていきたいとは思うんです。それはフェスだけを続けていけばい

いという意味ではなく、例えば、イナズマ自体にレーベル＆マネジメント機能を持たせれば、所属アーティストとしてイナズマの派生イベントやフェスへの出演を後押しできる。関わってくれる地元の皆さんにも何かしらの形で還元できるのではないかと思うんです。

―― フェスだけで終わらない姿勢に共感して、滋賀県の中でもイナズマとなったら集まってくれる自治体が多いと聞きます。団結力があるというか。

開催15年目ともなると各自治体の方も代替わりしていて、最近だと現職の県知事は僕と同世代。目指すべき場所の共有がしやすくなって、イナズマから派生したイベントが増えているのも事実です。前哨イベントになっている「フードグランプリ」も2日間で4〜5万人は集客できるイベントに成長していますからね。今後はそういった派生イベントを県内でも複数開催していく予定です。1年で1回きりのイベントではなく、通年でイナズマを基とするイベントが全国のどこかで動いているという形にできたらと思います。

―― ちなみにフェスとライブの違いについて、西川さんはどう捉えていますか。

ライブとの違いはまずは振り向かせるところからスタートというところですかね。自分の推し以外はあまり知らないというお客さんにとっては、単独ライブ

フェス公式キャラクターのタボくんも大活躍!

に比べてライブの時間は短いのでフェスの費用対効果は一見低いかもしれません。だからこそ組み合わせや新しい出会いや提案が大事になる。最近は世の中にフェスという名前のつくものが増えて、フェス文化がひとつのカルチャーとして成り立っているのは嬉しい反面、芯のないものは淘汰されていくんですよね。ありがたいことにイナズマは今まで続けられていますが、現状に浮かれることなく、「ここでしか見られないもの」を届けることがフェスの意義だと思います。

―― そこで振り向いてくれた方が次はライブに行く。

フェスはそういう出会いの場であるべきだと思いますね。運営側はチケット代に見合ったブッキングを行う責任があると思うんです。ブッキングによってその価値を左右されないものにしたいというのがイナズマのコンセプトだし、これからも続けていきたいなと思います。

ONE PARK FESTIVAL

【ワン パーク フェスティバル】

📍 **エリア** 福井県 福井市中央公園特設会場　📅 **時期** 9月上旬　🧍 **屋内外** 野外

こんな人におすすめ 音楽とともに北陸のカルチャーを楽しみたい人

"街全体がひとつに!"
福井の魅力を味わえる地域密着型フェス
福井の魅力を味わって福井のことを好きになる

経済効果は8億円!?フェスと街を行き来して福井のことを好きになる

街なかでの開催なので、
街ファッションでOK

ONE PARK FESTIVAL

2019年に福井県でスタートした都市型フェス。会場となる福井市中央公園は、福井駅から徒歩5分という立地で、「街全体がひとつのテーマパークになる音楽フェス」を謳っており、リストバンドをつけていれば何度でも再入場できるため、街と行き来しながら楽しむことができる。また、サウナやカヌーが体験できる他、地元のミシュラン獲得店や人気店が出店するなど、ライブ以外のコンテンツも充実している。

──── **POINT** ────

- 北陸発のセンスの良いモノ・ヒト・コトが集結
- 超大物から新人まで、ブッキングセンスがピカイチ
- ライブ以外の体験型コンテンツが充実

TICKET

春ごろに先行販売スタート。1日券の他、少しお得に購入できる地元販売チケットや2日通し券のみ適用されるグループ割も。入場料：約10,000～17,000円(1日～2日券)

ARTISTS

くるり、UA、ウルフルズ、木村カエラ、奇妙礼太郎、Kroi、OKAMOTO'S、マカロニえんぴつ、Felix B (Basement Jaxx)、indigo la End (2023年開催時)

ACCESS

JR「福井駅」から徒歩約5分という好アクセス。小松空港からJR「福井駅」までシャトルバスが運行しているので、遠方から来場する場合はシャトルバスを利用しよう。

STAY

JR「福井駅」周辺のホテルは混雑が予想されるため、早めの予約が吉。少し足を延ばしてJR「芦原温泉駅」、「加賀温泉駅」周辺だと温泉宿も多く会場までのアクセスも◎

音楽顧問は
SOIL&"PIMP"SESSIONSの
社長

SOIL&"PIMP"SESSIONS の社長が音楽顧問を務め、その広いコネクションが国内の著名アーティストのみならず海外アーティストのブッキングにも繋がっている。超大物から新人まで、バランスの良いラインナップが魅力だ。1日の流れに徹底的にこだわったタイムテーブルにも注目！

充実のキッズエリア！
大人はサウナやカヌー体験も

街なかでの開催ということもあり、家族連れも多く、巨大トランポリンなどで遊べるキッズエリアは人気スポット。ステージから近いところに位置するので、子どもを遊ばせながらライブを観ることができる。さらにエリア内に特設のサウナや、会場のそばのお堀でカヌー体験ができるなど、子どもから大人まで1日中楽しめる。

ワンパークロゴのカップに注がれた北陸産のお酒は絶品！

福井のことが好きになるフェス！

社長（SOIL&"PIMP"SESSIONS）を筆頭に、地元のアーティストやクリエイター、飲食やアパレル・雑貨など、地元で活躍する人が集まってフェスが形作られているのが特徴。街や行政ともうまく連携し、経済効果は8億円*という試算も。参加すると福井のことが好きになる、そしてもっと深く知りたくなるはず！

＊2022年開催時の公式発表

ワンパークの YORIMICHI

福井に来たなら
「恐竜」を見に行くべし！

福井駅から車で約40分に位置する福井県立恐竜博物館は、世界三大恐竜博物館のひとつで、50体の恐竜全体骨格や化石、ジオラマ、復元模型などが展示されている。2023年にリニューアルしたこともあり、世界最先端の恐竜体験を味わえる。ちなみに、会場最寄りとなる福井駅の西口（恐竜広場）でも、動く恐竜のモニュメントが出迎えてくれる。

画像提供：福井県立恐竜博物館

INFO

福井県立恐竜博物館
📍〒911-8601 福井県勝山市村岡町寺尾51-11 かつやま恐竜の森内 📞0779-88-0001
🕐9:00～17:00（入館は16:30まで）🌐 https://www.dinosaur.pref.fukui.jp/ ※夏季繁忙期および休館日等の情報は公式サイトを参照

主催者
コメント

ダンスミュージック及びダンスを喚起させる音楽のブッキングをコンセプトに、福井を中心に活動するアーティストやDJたちがオーガナイズする音楽フェス。2024年には北陸新幹線が福井まで延伸されて、都市圏からのアクセスも抜群になります。
勝田 達

ULTRA JAPAN

【ウルトラ ジャパン】

📍エリア **東京都 TOKYO ODAIBA ULTRA PARK**　　🗓時期 **9月中旬**　　⛺屋内外 **野外**

こんな人におすすめ **都心でダンスミュージックを楽しみたい人**

アメリカで生まれた
ダンスミュージックの祭典

ダンスミュージックのトレンドを牽引! 世界中から著名なDJが集結

年ごとの
ファッショントレンドを
反映したスタイル

アメリカ発の世界最大級のダンスミュージックフェス「ULTRA MUSIC FESTIVAL」の日本版。世界各国で活躍するDJによるダンスミュージックを1日中楽しめる。豪華アーティストの共演に加え、派手な演出や照明、またオーディエンスのテンションは、他の音楽フェスと一線を画す。VIPチケットを購入すれば、専用レーンからの入場や、バーカウンターのある専用観覧エリアを利用できる。

━━━ ◯ **POINT** ◯ ━━━

- ● 世界最高峰のDJが集結&コラボも多数
- ● 参加者の盛り上がりやユニークなファッション
- ● 開催後はそのままアフターパーティーへ

TICKET

イベント終了後に翌年のチケット販売がスタート。VIPチケットも1日券と通し券があるのでおすすめ。入場券：約20,000～48,000円（1日～2日券、VIPチケットを含む）

ARTISTS

Skrillex、ADAM BEYER、AXWELL ∧ SEBASTIAN INGROSSO、BOYS NOIZE、DJ SNAKE、Hardwell、LOCO DiCE、TREKKIE TRAX（2023年開催時）

ACCESS

りんかい線「東京テレポート駅」B出口より徒歩約3分。ゆりかもめ「台場駅」より徒歩約5分。駅近ではあるが、会場周辺や入場後も混雑するため余裕を持って移動しよう。

STAY

会場周辺やゆりかもめ沿線は宿泊施設が多く、会場とホテル間を電車や徒歩で約10～20分ほどで行き来できる。日帰り・デイユースプランがあるところも。

サプライズコラボや
一体感のあるユニークな
"盛り上がり"

豪華 DJ のプレイやコラボが盛り上がるが、照明や炎、花火などの派手な演出が、DJ プレイをさらに盛り上げてくれる。また、オーディエンスが掲げるフラッグやメッセージ入りのボードなども、他のフェスでは見られないウルトラ ジャパンらしい光景。

都市型フェスなので
日常の延長でおしゃれを楽しめる

その年のトレンドを押さえたファッションはもちろん、水着やコスプレなど、自分の個性を最大限にアピールするようなファッションを楽しむ人が多いのも特徴。ウルトラ ジャパンの頭文字「U」のマークの入ったオフィシャルグッズも充実しているが、フェスが終わってもそのままの格好で街でおしゃれに遊んでほしいという想いから、フェスでは珍しく首からかけられるタオルが販売されていない。

\ 2023年には PEGGY GOU がメインステージに登場 /

王道EDMと脱EDMのバランスが◎

EDM シーンをリードしてきた大物アーティストが次々と登場するのもウルトラ ジャパンの魅力。だがその一方で、今の音楽シーンのトレンドを押さえたアーティストをブッキングし、バランスを取っているのも面白いところ。2023年には、ハウスやテクノミュージックに特化した「RESISTANCE」ステージを復活させ、より幅広い層のファンと新規の参加者が楽しめるフェスへと進化を続けている。

ウルトラジャパンの YORIMICHI

夜はアフターパーティーに繰り出そう！

フェスが終わっても、夜はまだまだ終わらない！渋谷のクラブなどでは、オフィシャルのアフターパーティーが開催され、フェスに出演したDJのプレイを間近で観られるなんてことも。リストバンドを提示すると、無料や割引になることが多いので、開催後もリストバンドを外さないでおこう。

※写真は ULTRA JAPAN 2023 より

04	APR.
05	MAY
06	JUN.
07	JUL.
08	AUG.
09	SEP.
10	OCT.
11	NOV.
12	DEC.
01	JAN.
02	FEB.
03	MAR.

実行委員会
コメント

渋谷から電車で約15分の都市型ダンスミュージックフェス。世界最高峰のDJ達によるハイレベルな音楽やパフォーマンス、最先端の特殊効果を使用した演出が魅力です。

ULTRA JAPAN 実行委員会

New Acoustic Camp

【ニュー アコースティック キャンプ】

主催アーティスト
OAU/BRAHMAN **TOSHI-LOW** 氏の
インタビューは P.118 ▶▶▶

📍エリア **群馬県 水上高原リゾート200**　📅時期 **9月中旬**　🏠屋内外 **野外**

こんな人におすすめ　**ゆったりとした雰囲気のなかで音楽とキャンプを楽しみたい人**

音楽×キャンプ好きに絶大な人気を誇る
アコースティック系フェス

青々とした芝生の上で、普段なら観られないゆるやかでレアなライブが味わえる

昼は暖かくて半袖でOKだが夜は防寒対策も忘れずに

群馬で開催されるキャンプフェス、「ニューアコ」。音楽だけでなく、キャンプやアクティビティを楽しめる。芝生のある広場で行われるため、キャンプフェスとしての快適さや居心地の良さは国内随一。移動もしやすく、家族で参加する人も多い。アコースティックバンド OAU* がオーガナイザーを務めていて、全組がアコースティックでの演奏をするのが特徴。ここでしか観られない貴重なライブも。

─── ◆ POINT ◆ ───

* その日にしか観られないアコースティックライブ
* キャンプやアクティビティなどアウトドア要素が多い
* ニューアコ名物のフォークダンスを踊ろう!

TICKET

春ごろにメルマガ会員「アコ友」限定の先行受付開始。入場券、キャンプ券、駐車場券がセットのお得なチケットは早い者勝ち! 入場券:約11,000〜28,000円(1日〜3日券)

ACCESS

関越自動車道「水上 IC」から車で約30分。上越新幹線「上毛高原駅」、JR「水上駅」、JR「高崎駅」より有料シャトルバスが運行(往復5,000円〜)。

ARTISTS

OAU、ELLEGARDEN、奥田民生、秦基博、SUPER BEAVER、yama、EGO-WRAPPIN'、SHISHAMO、ROTTENGRAFFTY、SOIL& "PIMP" SESSIONS(2023年開催時)

STAY

キャンプ泊可能ということもあり、キャンプ券の種類も充実。近隣宿泊施設の予約と入場券がセットになったプランや毎年恒例の人気企画「宝川温泉」バスツアーもあり。

*BRAHMANの全メンバーとMARTIN(Vo/Vn/Gt)、KAKUEI(Per)によるバンド

全アーティストが
アコースティック編成で出演

ELLEGARDEN や sumika など、普段アコースティック編成ではないバンドも多く出演し、ここでしか観られない貴重なライブが楽しめる。また出演アーティストが会場内を歩いている姿をよく見かけるのもニューアコの特徴。キッズは TOSHI-LOW 氏に大きな声で挨拶できたら、何かいいことがあるかも？

スタイルや状況に合わせた
様々なキャンプスタイルに対応

車のそばにテントを張れるオートキャンプやキャンプツーリング用のバイクエリア、他にも会場の中心付近にスペースが確保された「Permil Village」など、全面芝生の会場のなかで、それぞれのスタイルや状況に応じたキャンプ泊ができる。またコールマンがサポートする設営・撤収不要のファミリーキャンプエリアなど、キャンプデビューや初心者にも優しいプランも用意されている。

他の参加者との交流もたくさん

サウナエリアも充実

世界一過酷!?
3,000人でフォークダンス

子どもも楽しめる物づくりワークショップや自然のなかで身体を動かして遊ぶアクティビティが豊富。朝はラジオ体操と太極拳で目を覚まし、ライブの合間にはサウナで整ったり、SUPやパターゴルフ体験、キノコ狩りまで楽しめる。さらに、世界一過酷とも言われるフォークダンスは、ニューアコならではのユニークなコンテンツ。ぜひ参加してほしい。

ニューアコの YORIMICHI

あの有名な映画の
舞台となった温泉！

会場から車で約10分にある宝川温泉汪泉閣は、日本有数の湯量を誇る、大自然の温泉宿で、映画『テルマエロマエⅡ』の舞台になったことでも知られている。またニューアコ初期から出店しているもちもち食感のおまんじゅう仙ノ倉万太郎の丸須製菓本店も会場の帰り道途中、道の駅「みなかみ水紀行館」の近くにあるので立ち寄ってみては？

黒糖まんぢふ
仙ノ倉万太郎

INFO

丸須製菓
🏠 〒379-1617 群馬県利根郡みなかみ町湯原1680-4 ☎ 0278-72-3591 🕐 8:00～18:00 ※定休日：火曜日　※該当日が祭日の場合やGWなどの繁忙期、年末年始は無休で営業

みなかみ18湯
宝川温泉 宝川山荘
🏠〒379-1721群馬県利根郡みなかみ町藤原1899 ☎0278-75-2614 🕐10:00～16:30（最終受付16:00）

実行委員会コメント　良いとされるフェスの定義は全くわかりませんが、ズルくて自分のことしか考えられない客や演者が簡単に楽しめない「場」作りを今後もして行こうと思っています。

TOSHI-LOW(OAU / BRAHMAN)

04 APR.
05 MAY
06 JUN.
07 JUL.
08 AUG.
09 SEP.
10 OCT.
11 NOV.
12 DEC.
01 JAN.
02 FEB.
03 MAR.

主催アーティスト
西川貴教氏のインタビューは P.84
▶▶▶

イナズマロック フェス
【イナズマロック フェス】

📍 エリア 滋賀県 烏丸半島芝生広場　　📅 時期 9月中旬～10月上旬　　⛺ 屋内外 **野外**

こんな人におすすめ 音楽とともに滋賀の文化やグルメを堪能したい人

音楽フェス×地域創生
西川貴教が主催する地元密着型フェス
音楽と滋賀の魅力を発信するプラットフォーム

芝生エリアが多いので雨天時は防水・撥水の靴がベター

© イナズマロック フェス 2023 実行

©イナズマロック フェス 2023実行委員会

琵琶湖の環境保全と地域創生をテーマに2009年にスタートした野外フェス。滋賀ふるさと観光大使を務める西川貴教氏が主催し、音楽関係者だけでなく、地域や行政とともにフェスが作り上げられている。会場の半分以上は無料エリアになっており、そこでもライブを楽しめる他、お笑い芸人やご当地キャラクターのパフォーマンス、さらにフードエリアや観光関連のブースがずらりと並んでいる。

--- ◯ POINT ◯ ---

- ジャンルレスなアーティストが一堂に集う
- 地元の祭りのような賑わいの無料エリア
- 滋賀グルメやイナズマ限定フードも豊富

TICKET
6月ごろに先行受付開始。特典グッズ付きや専用エリアを使用できるIVIPチケットは販売スタートと同時におさえたい。入場券：約13,000～33,000円（1日券、IVIP券）

ARTISTS
T.M.Revolution、ももいろクローバーZ、UVERworld、Aぇ! group、ゴールデンボンバー、Perfume、04 Limited Sazabys、Novelbright（2023年開催時）

ACCESS
JR「守山駅」より有料シャトルバスで約30分。名古屋、京都、大阪、神戸から会場までの直通バスもあり（要事前予約）。

STAY
JR「守山駅」周辺か、JR琵琶湖線沿線エリアがおすすめ。「守山駅」から2駅隣には、観光・お出かけにぴったりなJR「草津駅」も。

西川貴教氏による
開会宣言!

お笑い、アイドル、バンドetc…
本気のジャンルレスを堪能!

フェス常連アーティストから、フェスにはなかなか出演しない大物まで、西川氏主催だからこそ実現するジャンルを問わないラインナップが魅力。メインステージのライブの合間に、人気芸人がネタを披露するのもイナズマならでは。1日中盛り上がった後は、トリを飾る西川貴教 T.M.Revolutionでフェスを締めくくろう!

地元のお祭り感満載!
大充実の無料エリアで遊ぼう

会場奥のメインステージ以外は無料エリアになっていて、チケットを持っていない人でも入場可能。地元グルメが堪能できるフードエリアや観光 PR ブースが並ぶ他、芝生エリアでゆったりくつろぐこともできる。企業ブースのアトラクションや無料配布物も充実しているのでぜひ立ち寄ってみて。

出演者だけじゃない!
自治体や企業も滋賀を盛り上げる!

琵琶湖や滋賀を PR するブースがたくさん並んでおり、それぞれが積極的に滋賀の魅力を発信している。また龍神ステージでは、滋賀を PR する時間が多く設けられ、可愛いご当地キャラや県内の大学生によるパフォーマンスなど、地元密着型のコンテンツが楽しめる。

フェス全体で
滋賀をアピール

イナズマロック フェスの YORIMICHI

滋賀の里山風景を堪能!
お土産にも最適な和菓子

西川氏が蓬餅が好きだという話から、T.M.Revolution デビュー25周年記念のコラボ商品として完成した「西川餅」など、数々のコラボ商品を生んでいる「叶 匠壽庵」。会場最寄りの草津店や石山寺店の他、丘陵地に作られた和菓子づくりの里「寿長生の郷」まで足を延ばしてみるのもおすすめ。

手づくり最中菓子
「あも歌留多」には
百人一首が描かれている

INFO

叶 匠壽庵
寿長生の郷(すないのさと)
〒520-2266 滋賀県大津市大石龍門4-2-1 077-546-3131 10:00～17:00
※営業時間は各施設によって異なります ※休館日:毎週水曜日

04 APR.
05 MAY
06 JUN.
07 JUL.
08 AUG.
09 SEP.
10 OCT.
11 NOV.
12 DEC.
01 JAN.
02 FEB.
03 MAR.

京都音楽博覧会

【きょうとおんがくはくらんかい】

エリア 京都府 京都梅小路公園　**時期** 9月中旬〜10月上旬　**屋内外** 野外

こんな人におすすめ 広々とした公園でゆったりと音楽を楽しみたい人

コンセプトは"環境・文化・音楽" 世界各地の音楽を楽しむ"博覧会"

くるり主催だからこその豪華アーティストの共演やセッションも必見!

動きやすい格好で！
昼と夜の寒暖差に注意

くるりが地元・京都で主催する、通称「音博（おんぱく）」。2007年から京都という街に根付いたフェスとして、くるりファンはもちろん、若者から家族連れまで幅広い層から人気を集めている。国内外のアーティストがラインナップされ、入口に出演者の暖簾が並ぶのも恒例。「音博マーケット」にはくるりのメンバーが選んだ地元のお店が並ぶ。京都駅から徒歩約15分という抜群のアクセスも魅力。

─── **POINT** ───

- くるり主催だからこそ実現するラインナップ
- 1ステージ制でじっくりライブを味わえる
- 市街地開催なのでフェス前後で京都を楽しめる

TICKET

夏ごろより販売。ホテル付きチケットや学生チケットもある。入場券：約11,000〜22,000円（1日〜2日券）

ARTISTS

くるり、マカロニえんぴつ、中村佳穂、羊文学、ハナレグミ、Saucy Dog、坂本真綾、sumika、角野隼斗、Tiran Hamasyan、秦基博、横原敬之（2023年開催時）

ACCESS

車での来場は不可。シャトルバスなどの運行もないため、公共交通機関で向かおう。JR「京都駅」から徒歩約15分、JR「梅小路京都西駅」より徒歩約3分。

STAY

JR「京都駅」から徒歩圏内の会場なので、駅周辺はホテル予約が埋まりがち。「京都駅」から少し離れた駅の方が空いている部屋が見つかる可能性が高い。

© オイケカオリ

くるりの2人による
開会宣言

まさに音楽の"博覧会"
こだわりのラインナップが集結

若手から大御所、さらに海外勢まで、音博でしか揃わないラインナップが魅力。過去には、小田和正、石川さゆり、八代亜紀、Mr.Childrenといったフェスではなかなか観ることができないレジェンドの出演も話題に。貴重なライブをステージ前方で楽しむもよし、芝生の上でゆったりくつろいで味わうもよし。

サステナブルなフェスを目指して

フードの提供には再利用可能なリユース食器が使われており、会場がとてもクリーンに保たれているのも音博の特徴。さらに、コンポストを設置し、フードエリアで出る食材や食べ残しを堆肥に変え、肥料にする取り組みや、古着回収など、環境に配慮したアクションが積極的に行われている。

音博のスペシャルなエコカップで乾杯!

くるりといえば電車!

「赤い電車」や「コトコトことでん」など電車に関する楽曲も多いくるりだが、会場付近には電車好きに嬉しいスポットも。京都の街を実際に走っていた市電のなかで軽食が楽しめる「市電カフェ」や「鉄道博物館」も同じ公園内にあるのでぜひ足を運んでみよう。鉄博のレストランからの景色は鉄道ファン必見!

04 APR.
05 MAY
06 JUN.
07 JUL.
08 AUG.
09 SEP.
10 OCT.
11 NOV.
12 DEC.
01 JAN.
02 FEB.
03 MAR.

音博の YORIMICHI

梅小路公園に来たなら、水族館にも行ってみよう!

会場の真横にある「京都水族館」は子どもだけでなく、大人にも人気の観光スポット。2012年に開業した内陸型水族館で、人工海水を100%利用した日本初の水族館。鴨川に生息する日本の特別天然記念物のオオサンショウウオを見ることができる。ごはんの時間などのプログラムも豊富なのでフェスの前後に訪れてみて。

イルカにも
会える!

INFO

京都水族館
〒600-8835 京都市下京区観喜寺町35-1（梅小路公園内）
075-354-3130 https://www.kyoto-aquarium.com/index.html ※営業時間：日により異なるため、公式サイト内の営業カレンダーをご覧ください。休館日：臨時休業を除き年中無休

主催者コメント　日本国内で人気のアーティストにも多数ご出演頂いておりますが、世界各地の様々なジャンルのアーティストの演奏を楽しむことができるのが京都音博の魅力です。

くるり　岸田　繁

It's a beautiful day ~ Camp in ASAGIRI JAM

【イッツ ア ビューティフル デイ キャンプ イン アサギリ ジャム】

📍**エリア** 静岡県 富士山麓 朝霧アリーナ・ふもとっぱら　🏠**時期** 10月中旬　⛰**屋内外** 野外

こんな人におすすめ 富士山の麓で音楽とキャンプをゆったり楽しみたい人

音楽×キャンプ！
富士山の麓で、最高に贅沢な時間を過ごせる

"キャンプ・イン・フェス"というスタイルを日本に定着させた老舗フェス

高原での開催なので、夜は真冬並みの装備

© 宇宙大使☆スター

フジロックを手がけるスマッシュが開催する秋フェス。富士山を望む絶景の場所で国内外のアーティストのライブを楽しめる。1日券の販売もあるが、ほとんどの参加者が会場内でテントを張って2日間を過ごす。終了後もエリアによってはキャンプ泊が可能なので、3日間滞在する人も多い。運営には朝霧JAMS'という地元のボランティアチームが携わっており、このフェスならではの手作り感も人気。

POINT

- 富士山を背景にした絶景のロケーション
- 酪農をはじめとした朝霧高原という地域性
- ステージ付近や人気のふもとっぱらでのキャンプも

TICKET

8月ごろから販売開始。テント泊を前提としている参加者が多いため、早い段階で駐車券が売り切れてしまうので注意が必要。入場券：約13,000〜21,000円（1日〜2日券）

ARTISTS

Night Tempo、くるり、青葉市子、BADBADNOTGOOD、HOVVDY、KASSA OVERALL、OOIOO、冥丁、OGRE YOU ASSHOLE、さらさ、toconoma、WAAJEED（2023年開催時）

ACCESS

首都圏・関西・中部発のバスツアーや、JR「新富士駅」、「富士駅」から会場までのシャトルバスが便利。車の場合は中央自動車道「河口湖IC」から国道139号線で約30km。

STAY

2日券にはキャンプサイト使用料も含まれているためテント泊がおすすめ。テントの設置や撤収が不要のレンタルテントプランもある。

本ページは2023年度開催時の内容に準じています。最新の情報は朝霧JAMオフィシャルサイトをご確認ください。

© 宇宙大使☆スター

© 宇宙大使☆スター

キッズ、愛犬、新婚さんにも
優しいフェス

キッズランドやワークショップなど、子どもが楽しめるコンテンツも充実しており、子ども連れ参加が多いのも朝霧JAMの特徴。また、大規模フェスには珍しく、ペットも入場可能でドッグランも用意されている。さらに、ウェディングフォトを撮影している幸せそうな光景もよく見かける。

富士宮市との連携が光る!
牛乳は目玉コンテンツ!

名物の「富士宮焼きそば」をはじめ、猟師が獲った富士山麓の鹿のジビエ料理、地産材料を使ったクラフトビール、朝霧高原の牛乳を使ったシチューやスイーツ、さらにはミルクラーメンなど、地元ならではの食が味わえる。また、現地だけなく、富士宮市のふるさと納税の返礼品としてチケットが提供されたり、寄付金が酪農支援に充てられるなど、地域との関係が深い。

テントの中でゆったり音楽を楽しめる

© 宇宙大使☆スター

過ごし方は自由!
キャンプメインのお客さんも!?

メインステージ「RAINBOW STAGE」後方がキャンプサイトになっており、テントからライブを楽しむこともできる。「MOONSHINE STAGE」側のキャンプサイトは炊事が可能でゆったりと過ごすことができる他、「CARNIVAL STAR」では、DJやパフォーマンスも楽しめる。また、会場からシャトルバスで10分程度の「ふもとっぱら」では車を横付けしてオートキャンプも可。それぞれのスタイルにあわせたキャンプが楽しめる、とにかくキャンパーに優しいフェスだ。

朝霧JAMの YORIMICHI

朝霧高原でおいしい牛乳&アイスを味わおう!

朝霧JAMの会場周辺には牧場も多い。フェスの前後に立ち寄ってみよう。会場から車で10分程度にある「まかいの牧場」では、乳搾り体験や、バター、クッキー作りなどが楽しめる。売店やマルシェもあるのでお土産購入にぜひ。

自家製牛乳を使用した
ソフトクリームは絶品!

INFO

まかいの牧場

🏠 〒418-0104 静岡県富士宮市内野1327-1 ☎ 0544-54-0342
🕘 9:30〜17:30(10月21日〜2月20日 9:30〜16:30)※定休日:12月〜3月中旬の毎週水・木曜日(不定休有)

主催者
コメント

みどり豊かな酪農地帯、朝霧高原でキャンプをしながらライブを楽しむ2日間。富士山を一望する贅沢なロケーションが魅力の、至福のキャンプ・イン・フェスです。

株式会社スマッシュ 半田夕子

04 APR.
05 MAY
06 JUN.
07 JUL.
08 AUG.
09 SEP.
10 OCT.
11 NOV.
12 DEC.
01 JAN.
02 FEB.
03 MAR.

Sunset Live
【サンセット ライブ】

📍 エリア **福岡県 芥屋海水浴場** 📅 時期 **9月上旬** 🧍 屋内外 **野外**

こんな人におすすめ **海の雰囲気を味わいながらライブを楽しみたい人**

APR. 04
MAY 05
JUN. 06
JUL. 07
AUG. 08
SEP. 09
OCT. 10
NOV. 11
DEC. 12
JAN. 01
FEB. 02
MAR. 03

> 砂浜のところが多いので歩きやすい防水シューズなどがおすすめ

30年以上の歴史を持つ 手作りのローカルフェス

海の雰囲気を感じながら音楽とサンセットを味わう！

福岡県糸島市の芥屋海水浴場で開催されている野外フェス。もともとはカフェでの野外イベントとして、1993年にスタートしたが、2002年に現在の海水浴場に移転。夏の終わりに全国から有名ミュージシャンが集い、海辺の複数ステージでライブを楽しむことができる。自然の素材を活かした会場装飾や環境保全活動も積極的に行われている。

動き回って疲れたら 海の家で休憩!

ビーチでの開催なので、会場内に海の家がある。暑さで疲れたときにはぜひ利用しよう。事前予約をすれば、手ぶらで BBQ や宿泊ができる店舗も。

TICKET

1日券、2日券に加えて、夕方から入場できるナイト券も。入場券：約8,500〜19,000円（1日〜2日券）

ARTISTS

Awich、Kroi、OZworld、夏木マリ、STUTS、どんぐりず、HIMI（2023年開催時）

ACCESS

JR 筑肥線「筑前前原駅」から有料シャトルバスで20分程度。福岡都心部（博多駅・天神）発着のシャトルバスは事前予約が必要。

Sunset Liveの YORIMICHI

フェスの原点になった カフェに行こう!

主催者の林氏がオーナーを務める「Beach Cafe SUNSET」は会場から車で約20分。フェス期間中はお休みだが、音楽＆フェス好きは必ず訪れておきたい。

INFO

Beach Cafe SUNSET
🏠 〒819-0202 福岡県福岡市西区西浦284 📞 092-809-2937 🕐 11:00〜21:00(L.O. 20:00) ※定休日：木曜日、第3水曜日

実行委員会コメント

綺麗な海と夕陽の中、みんなで創る楽園 "SUNSET LIVE"。LOVE & UNITY 〜大いなる自然とその恵みに感謝〜

©Sunset Live

橋の下世界音楽祭 /
SOUL BEAT ASIA

【はしのしたせかいおんがくさい ソウル ビート アジア】

📍 エリア 愛知県 豊田市豊田大橋下の千石公園 特設ステージ 🗓 時期 9月ごろ 🧍 屋内外 **野外**

こんな人におすすめ 日本らしいお祭り感を味わいたい人

橋の下から世界へ！
世界に誇る純日本的なお祭り

伝統的な祭り文化と現代のフェスカルチャーが融合した音楽祭

踊りやすい格好で。
和服での参加者も多い

04 APR.
05 MAY
06 JUN.
07 JUL.
08 AUG.
09 SEP.
10 OCT.
11 NOV.
12 DEC.
01 JAN.
02 FEB.
03 MAR.

地元出身バンドの TURTLE ISLAND と所属プロダクション・レーベル microAction が主催し、2012年にスタート*。豊田大橋の下で行われるインディペンデントなお祭りだが、圧倒的な世界観でお祭り＆フェス好きを虜にしている。ステージ音響や照明などの電源に、自然（太陽光）エネルギーを使用。

*2012年に橋の下世界音楽祭 / SOUL BEAT ASIA としてスタート。2023年は橋の下大盆踊りと銘打ち開催。

櫓、提灯、長屋に瓦版…
和を重んじる装飾の数々

ビジュアルや装飾が独特で、提灯櫓やステージ、さらに出店に至るまで世界観が統一されている。時代劇の街にタイムスリップしたかのよう。

TICKET

入場には、橋の下サポーターズパス（お祭りの参加費）が必要。約2,000～7,000円（1日～3日券）

ARTISTS

TURTLE ISLAND、渋さ知らズオーケストラ、ALKDO、LEE NALCHI、切腹ピストルズ（2023年開催時）

ACCESS

豊田スタジアムに隣接した会場なので、スタジアムを目指すのがおすすめ。名鉄「豊田市駅」から徒歩約15分、愛知環状鉄道「新豊田駅」から徒歩約17分。

橋の下世界音楽祭の
YORIMICHI

モダニズムを感じる
美しい建物

19世紀後半から現代までのデザイン、彫刻などが特徴の美術館。鑑賞者一人ひとりが作品と対話できるガイドボランティアによる対話型鑑賞ツアーも楽しめる。

INFO

豊田市美術館
🏠〒471-0034 愛知県豊田市小坂本町 8-5-1 ☎0565-34-6610 🕙10:00～17:30（入場は17:00まで）※休館日：毎週月曜日（祝日は除く）、年末年始

主催者コメント
「自分らの居場所は自分で創る」。橋の下は今を生きる者達の生命の祝祭。祭を通じて地繋がりの日常、暮らしが輝いていくよう還元できればこれ幸いです。

永山愛樹／根木龍一／竹舞（火付け ぬ組）

APR. 04
MAY 05
JUN. 06
JUL. 07
AUG. 08
SEP. 09
OCT. 10
NOV. 11
DEC. 12
JAN. 01
FEB. 02
MAR. 03

WILD BUNCH FEST.

【ワイルド バンチ フェス】

📍エリア 山口県 山口きらら博記念公園　📅時期 夏ごろ　🏠屋内外 野外

こんな人におすすめ 海沿いの開放的な空間でライブを楽しみたい人

潮風を感じながら楽しめる
中国地方最大級の野外フェス

海沿いの開放感溢れる会場に人気アーティストが集結！

動きやすい服装＆
熱中症対策は万全に

山口県の野外フェス、通称「ワイバン」。2013年にスタートし、現在は中国地方最大級の規模のフェスに。海沿いの広大な公園が会場となり、その年のシーンを象徴するアーティストが多く出演。芝生エリアも多くゆったり座って過ごせるのも魅力。キャンプチケットを購入すれば会場内の専用エリアでテント泊も可能。

前方はスタンディング
後方はゆったり

ステージ後方のPicnic Areaは、シートやテントが設置できるので、ゆったりとライブを観たい人やファミリーにおすすめ。

ワイバンの
YORIMICHI

瀬戸内海を見渡す
ロケーション

ワイバンの会場でもある山口きらら博記念公園には「月の海」という人工海浜がある。キャンプサイト奥に位置しており、ゆったり海が見られる穴場スポット。

INFO

山口きらら博記念公園
🏠〒754-1277 山口県山口市阿知須10509-50 🕐8:00～22:00
※開園日：1月4日～12月28日

TICKET

1日券、3日通し券に加えて2日通し券も販売される。入場券：約13,000～29,000円（1日～3日券）

ARTISTS

YOASOBI、ザ・クロマニヨンズ、ウルフルズ、sumika、ストレイテナー、マキシマム ザ ホルモン（2023年開催時）

ACCESS

JR「新山口駅」から有料シャトルバスで約20分（往復2,000円）。中国、九州、関西から会場までの直通バスプランや新幹線、宿泊プランも。

りんご音楽祭
【りんごおんがくさい】

📍 **エリア** 長野県 松本市アルプス公園 　📅 **時期** 9月下旬 　⛰ **屋内外** 野外

こんな人におすすめ 北アルプスの趣と旬な音楽を味わいたい人

旬なアーティストが長野・松本に集結！
アットホームな雰囲気が魅力のローカルフェス

自然のなかで音楽を楽しむ開放感&街からのアクセスの良さを両立

夜は少し冷えるので
長袖持参がベター

04 APR.
05 MAY
06 JUN.
07 JUL.
08 AUG.
09 SEP.
10 OCT.
11 NOV.
12 DEC.
01 JAN.
02 FEB.
03 MAR.

長野県松本市にて開催される野外フェス。2009年の初開催から使われているアルプス公園は、松本駅から車で約15分と好アクセスながら緑豊かな環境が魅力。個性的なラインナップが人気で、近年はアジア勢を含む100組以上が出演する。長野の名産にちなんだステージ名、北アルプス連峰を一望できる立地など、松本の良さを伝えたいという想いのこもったフェス。

オーディションから次世代のヒーローも!?

「RINGOOO A GO-GO」というオーディションを開催しており、選ばれた約10組が本番のステージに立つ。過去には、水曜日のカンパネラ、CHAIらの参加も。

りんご音楽祭の YORIMICHI
山岳などをテーマにした作品展示

松本と縁のあるアーティストの作品が多く展示されている松本市美術館。草間彌生氏の野外彫刻作品「幻の華」の他、水玉模様の外観もポイント。

INFO

松本市美術館
🏠 〒390-0811 長野県松本市中央4-2-22 📞 0263-39-7400 🕘 9:00〜17:00(入場は16:30まで)
※休館日：月曜日、年末年始

TICKET

各地でチケット販売をしている店舗もある。入場券：約10,000〜19,000円(1日〜2日券)

ARTISTS

七尾旅人、前野健太、田島貴男、犬式、民謡クルセイダーズ、クリトリック・リス(2023年開催時)

ACCESS

JR「松本駅」より無料シャトルバスで約20分(往復約2,000円)。長野自動車道「梓川スマートIC」より車で約15分。駐車場は完全予約制。

主催者コメント 新鮮な空気、水、美味しいご飯。ギターの生産地でもある「松本」の魅力をたくさん知ってほしい！今最も旬なアーティストをブッキングしています。

古川 陽介

LIVE AZUMA

【ライブ アズマ】

APR.	04
MAY	05
JUN.	06
JUL.	07
AUG.	08
SEP.	09
OCT.	10
NOV.	11
DEC.	12
JAN.	01
FEB.	02
MAR.	03

📍エリア　**福島県 あづま総合運動公園**　🗓時期 **10月中旬**　⛺屋内外 **野外**

こんな人におすすめ　秋の行楽シーズンにライブとマーケットを楽しみたい人

ライブ×マーケット
秋の福島を堪能できる地元密着型フェス

旬なアーティストと無料のマーケットエリアで欲張りな秋を満喫できる!

朝夕は肌寒いので
長袖必須

2022年にスタートした、福島県・あづま総合運動公園で開催される秋フェス。公園内にある野球場とその周辺エリアにて行われ、ライブステージ以外は入場無料で楽しむことができる。サマーソニックの主催チームが運営に関わっており、トレンドを反映したラインナップに定評がある。また、地元の名産が味わえるマーケット&フードが充実している。

TICKET

第一弾出演アーティスト発表とともに、春ごろに先行受付開始。入場券:約12,000〜20,000円(1日〜2日券)

ARTISTS

[Alexandros]、電気グルーヴ、YOUR SONG IS GOOD、フレデリック、奥田民生 (MTR&Y)、女王蜂(2023年開催時)

ACCESS

東北自動車道「福島西IC」より車で約10分。JR「福島駅」から会場までの有料シャトルバスで約20分(往復料1,200円)。駐車券は1日約2,500円〜。

無料エリア
「PARK LIFE」を楽しもう

無料のマーケットエリアには、福島の豊かな食材を使ったフードやお酒、ラーメンなど80店舗以上がずらり!子ども向けには移動式の昆虫館や水族館も!

LIVE AZUMAの
YORIMICHI

オフィシャル宿泊プランを使って行ける温泉施設

旅人や商人たちが疲れを癒す湯治の宿場として栄えた「土湯温泉郷」。フェス会場までの送迎対応など、宿ごとに特別プランもある。

INFO

YUMORI ONSEN HOSTEL
🏠〒960-2157 福島市土湯温泉町字堂の上7-1 📞024-595-2170 🕐日帰り入浴の受付時間11:00〜19:00(滞在20:00まで)

主催者コメント

東北を彩る約80店の飲食・物産・アートの出店と開放感あるスタジアムや自然溢れるロケーション。特別な装飾で演出される福島最大級のフェスです!
株式会社クリエイティブマンプロダクション

©LIVE AZUMA

阿蘇ロックフェスティバル

【あそロックフェスティバル】

📍 エリア　熊本県 野外劇場ASPECTA　📅 時期 10月ごろ（秋開催）　🏠 屋内外　野外

こんな人におすすめ　雄大な自然のなかで音楽を楽しみたい人

天空のロックフェス！
阿蘇山をバックにしたステージは圧巻！

フェスの聖地・アスペクタで爆音ライブ！

夜は真冬並の
防寒対策を

2014年に起こった阿蘇山噴火の風評被害の解消を目的に、泉谷しげる氏が発起人となって2015年にスタート。1987年に日本初のオールナイトフェス「ビートチャイルド」が行われた野外劇場アスペクタを舞台に、バラエティ豊かなアーティストを大音量のライブで味わえる。地域活性化をテーマに、地元の女性スタッフが中心になってフェスを作っている。

夜にはキャンパー限定のコンテンツも！

阿蘇ロックではキャンプ泊が可能で、キャンパー向けのトークショーやライブも行われる。昼の壮大な景色とは一味違う自然のなかの幻想的なムードを満喫できる。

阿蘇ロックの YORIMICHI

阿蘇カルデラから湧き出た水を味わおう！

会場近くの「白川水源」は名水百選に選ばれる有名な水源で自由に水を汲むことができる。隣接する水源茶屋の「名水のたましずく（醤油）」はお土産にも最適。

INFO

白川水源

🏠 〒869-1502 熊本県阿蘇郡南阿蘇村白川2040 📞 0967-67-1112 🕐 24時間

TICKET

キャンプ泊ができる2日通し券が人気。入場券：約10,000〜30,000円（1日〜2日券）

ARTISTS

ウルフルズ、きゃりーぱみゅぱみゅ、小泉今日子、Cocco、SHE'S、ZAZEN BOYS（2023年開催時）

ACCESS

九州自動車道「熊本IC」から車で約50分。JR「肥後大津駅」から有料シャトルバス（往復2,000円）の他、熊本駅や熊本空港から直通の往復送迎バスプランも。

プロジェクトチームコメント

会場がカルデラの中という世界でも類のない立地で、クレイジーなステージと言われます。音の響きが良く、アーティストからも非常に評判が良いです。

小泉 朋

04 APR.
05 MAY
06 JUN.
07 JUL.
08 AUG.
09 SEP.
10 OCT.
11 NOV.
12 DEC.
01 JAN.
02 FEB.
03 MAR.

APR. 04

MAY 05

JUN. 06

JUL. 07

AUG. 08

SEP. 09

OCT. 10

NOV. 11

DEC. 12

JAN. 01

FEB. 02

MAR. 03

風とロック芋煮会
【かぜとロックいもにかい】

📍エリア 福島県 しらさかの森スポーツ公園
🗓時期 9月上旬　⛰屋内外 野外

演者と観客の距離ゼロ!?
村祭り型ロックフェス

「風とロック」主催の野外イベント。音楽ライブに加え、子ども向け企画やアーティスト参加コンテンツが豊富に用意されており、ライブ終了後には、出演者が福島選抜とアーティスト選抜に分かれて、野球（通称「芋野球」）を行う。チケット代などの全収益が大規模災害の救援・復興支援活動に寄付される。

ARTISTS

怒髪天、サンボマスター、高橋優、片平里菜、THE BACK HORN

ACCESS

JR「新白河駅」から有料シャトルバスで約15分。

実行委員長 コメント	『観客は具。出演者は味噌。会場は大きな鍋。みんなが美味しく煮込まれる愛と奇跡の二日間。福島にある、世界でここにしかない奇祭。』ふぐすまで待ってっつぉ〜い！！

風とロック芋煮会 実行委員長 箭内道彦

© 風とロック芋煮会

定禅寺ストリートジャズフェスティバル
【じょうぜんじストリートジャズフェスティバル】

📍エリア 宮城県 仙台市定禅寺通 周辺
🗓時期 9月上旬　⛰屋内外 野外

ステージは街全体!
30年続く老舗ジャズフェス

宮城県仙台市の定禅寺通りを中心に開催される無料の市民音楽祭。ジャズをはじめ、ロック、ゴスペルなど、ジャンルを問わず様々な音楽が楽しめる。人気マンガ『BLUE GIANT』にも登場することからコラボグッズが販売されたことも。マンガの聖地巡礼もあわせて楽しんでみるのもおすすめ。

ARTISTS

春先にプロ・アマ問わず参加バンドを募集して選定される

ACCESS

中心となる勾当台公園はJR「仙台駅」から徒歩15分程度。

主催 コメント	①仙台の街角で②オールジャンルの演奏が③市民ボランティアによる運営のもと④無料で楽しめるのが本祭の特徴。沢山のステージで「ストリートジャズ」を体感してください！

公益社団法人　定禅寺ストリートジャズフェスティバル協会

© 定禅寺ストリートジャズフェスティバル

ベリテンライブ
【ベリテンライブ】

📍エリア 栃木県 井頭公園 運動広場
🗓時期 9月上旬　⛰屋内外 野外

栃木県内最大級の野外フェス
ラジオと連動した企画も多数!

エフエム栃木「RADIO BERRY」が主催する野外フェス。緑豊かな井頭公園で開催され、ステージはひとつなので、全アーティストのライブを観ることができる。ラジオ局主催ということで、会場での公開トークショーや出演アーティストのコメントが聴ける番組が当日放送されるなど、ラジオと連動した企画も多い。

ARTISTS

My Hair is Bad、Creepy Nuts、UNISON SQUARE GARDEN

ACCESS

JR「宇都宮駅」から有料シャトルバス で約35分。臨時駐車場もあり。

主催 コメント	ベリテン最大の魅力は「ワンステージ」。移動なく全アーティストを観ることができます。シートゾーンがありフェス初心者やご家族連れが参加しやすく、グルメも好評です。

RADIO BERRY（エフエム栃木）

© ベリテンライブ

BAYCAMP
【ベイキャンプ】

📍エリア 神奈川県 川崎市
📅時期 9月上旬* 🏠屋内外 屋内外

貴重なオールナイト開催！
ロックファンを虜にする都市型フェス

2011年にスタートした首都圏唯一のオールナイトロックフェス。東京近郊のベイ・エリアで開催され、夏は野外、冬は屋内で、毎回"ロック"にこだわった個性的なラインナップが揃う。オールナイトということもあり、他の大型フェスよりもライブ熱の高いオーディエンスが多いのも特徴。

ARTISTS
忘れらんねえよ、神聖かまってちゃん、夜の本気ダンス、yonige

ACCESS
東海道本線・京浜東北線・南武線「川崎駅」周辺。

主催コメント
2011年からスタートした首都圏唯一のオールナイトロックフェス。コロナ禍となり、夏の野外開催を断念し続けておりましたが、ようやく2024年夏に再開催予定!!
株式会社エイティーフィールド

＊2月は屋内開催　©BAYCAMP

ハイライフ八ヶ岳
【ハイライフやつがたけ】

📍エリア 山梨県 女神の森ウェルネスガーデン
📅時期 9月上旬 🏠屋内外 野外（一部屋内）

八ヶ岳の大自然のなかで味わう、
グッドミュージック＆ローカルフード

音楽と八ヶ岳の景色を味わえる"絶景音楽フェス"として2017年にスタート。2022年は、屋内施設を伴ったARSOA女神の森に会場を移し、"発酵"をテーマにしたエリアが設けられるなど、音楽だけでなく、マーケットやトークを通して、食やローカルな文化を味わうことができるのが特徴だ。

ARTISTS
タカシタブラカシ（ハナレグミ×U-zhaan）、Ovall、starRo、Ryohu

ACCESS
JR「小淵沢駅」からタクシーで約5分、徒歩で約20分。

主催者コメント
「素晴らしい音楽を八ヶ岳の大自然と、美味しい地域の食と恵みと共に」というテーマの通り、ライブ以外にも八ヶ岳周辺である山梨県や長野県の食やアクティビティを楽しめます。
クリエイティブディレクター 宮沢喬

© ハイライフ八ヶ岳

TREASURE05X
【トレジャー05 エックス】

📍エリア 愛知県内各会場
📅時期 8月中旬〜9月上旬* 🏠屋内外 屋内外

1ヶ月にわたり音楽を繋ぐ！
締めは海の間近で野外フェス！

8月から9月にかけて行われる、通称「トレジャー」。ひとつのイベントとして場所を変えて連続開催されるのが特徴で、名古屋のライブハウスにはじまり、締めは蒲郡ラグーナビーチにて野外フェス。終演後の花火で夏を締めくくろう！ゆったり楽しみたい人は有料のシートエリアもおすすめ。

ARTISTS
[Alexandros]、THE ORAL CIGARETTES、Fear,and Loathing in Las Vegas

ACCESS
蒲郡ラグーナビーチへは、JR「蒲郡駅」から有料直行バスで約20分。

主催者コメント
名古屋市内のライブハウスと野外公演は蒲郡ラグーナビーチにて開催されるTREASURE05X。ラグーナビーチは海を間近に臨む全国でも屈指の絶景ロケーションです！
サンデーフォークプロモーション 間瀬光太郎

＊8月は屋内開催　©TREASURE05X

04 APR.
05 MAY
06 JUN.
07 JUL.
08 AUG.
09 SEP.
10 OCT.
11 NOV.
12 DEC.
01 JAN.
02 FEB.
03 MAR.

APR. 04

MAY 05

JUN. 06

JUL. 07

AUG. 08

SEP. 09

OCT. 10

NOV. 11

DEC. 12

JAN. 01

FEB. 02

MAR. 03

秋田 CARAVAN MUSIC FES

【あきた キャラバン ミュージック フェス】

📍エリア 秋田県
🗓時期 9月中旬　🏠屋内外 野外

あきた音楽大使の高橋優が主催!
秋田県内周遊型フェス

秋田県出身のアーティスト・高橋優氏が地元秋田県を音楽で盛り上げたいという想いを具現化し、2016年にスタート。毎年開催する市を変えながら秋田県内全13市を巡るキャラバン型野外フェス。ジャンル問わず、様々なアーティスト、お笑い芸人が出演する。小学生以下は入場無料でキッズエリアもあり、家族連れでも訪れやすい。

ARTISTS
高橋 優 他

ACCESS
秋田県内にある13の市を巡るキャラバン型フェス。

主催者
コメント

CARAVANという名の通り、県内全13市を巡るため毎年開催地が変わります。音楽やお笑いを楽しみながら、秋田グルメや文化にも触れることができます!

高橋 優

© 秋田 CARAVAN MUSIC FES

山人音楽祭

【やまびとおんがくさい】

📍エリア 群馬県 日本トーター グリーンドーム前橋
🗓時期 9月中旬　🏠屋内外 屋内外

G-FREAK FACTORY主催
音楽&地元愛溢れるロックフェス

群馬出身・在住のG-FREAK FACTORYが地元のシーンを盛り上げるためにスタートさせたロックフェス。コロナ禍では、地元勢を集めたラインナップでの開催が話題になるなど、群馬愛を随所に感じるローカルフェスとして人気が高い。現地で買える名物のダルマは願掛け&お土産にぜひ!

ARTISTS
G-FREAK FACTORY 他

ACCESS
JR「新前橋駅」からシャトルバスまたは「前橋駅」から路線バスで約15分。

主催者
コメント

群馬県前橋市で開催する音楽フェス。熱量のある音楽に県内外から各日1万人を超える来場者と火の玉になる二日間。聖地グリーンドームでお待ちしています。

G-FREAK FACTORY 茂木洋晃

©cazrowAoki

TOKYO CALLING

【トーキョー コーリング】

📍エリア 東京都 新宿・下北沢・渋谷の各ライブハウス
🗓時期 9月中旬　🏠屋内外 屋内

東京3地区、30会場、300組!
国内最大級のサーキットフェス

新宿、下北沢、渋谷の3エリアで行われる、国内最大級のサーキット型フェス。他のフェスやイベント、ラジオ、テレビなどと連動したステージや企画も多い。2023年はアメリカの「SXSW」にてフェス名義のショーケースライブが行われ、The Tiva、バックドロップシンデレラ、POTが出演した。

ARTISTS
打首獄門同好会、バックドロップシンデレラ、THE BAWDIES

ACCESS
新宿、渋谷、下北沢の複数会場にて開催。日ごとにエリアが変わる。

主催者
コメント

2016年に新宿、下北沢、渋谷の3地区、30会場、300アーティストをコンセプトに始まりました。東京のライブハウスシーンを盛り上げるべく色々仕掛けていきます。

TOKYO CALLING 隊長/菅原隆文

©TOKYO CALLING

KOYABU SONIC
【コヤブ ソニック】

📍エリア 大阪府 インテックス大阪
📅時期 9月中旬　🏠屋内外 屋内

小籔千豊氏が完全プロデュース！お笑いと音楽への愛が詰まったフェス

小籔千豊氏主催の音楽フェス、通称「コヤソニ」。お笑い芸人によるネタだけではなく、ミュージシャンと芸人のコラボなど、音楽とお笑いを組み合わせた企画も多い。小籔氏曰く「鶴瓶さんも認めた、めっちゃええええと、めっちゃおもしろい人しか出てないフェス」とのこと*。

ARTISTS
ジェニーハイ、ゲスの極み乙女.tricot.EGO-WRAPPIN'、スチャダラパー

ACCESS
大阪メトロ中央線「コスモスクエア駅」から徒歩約9分。

主催者コメント　／　音楽とお笑いのフェスをやってきましたが、2023年は音楽とお笑いとゲームのフェスになりました。屋内で過ごしやすく、キッズスペースと女子トイレの数を充実させています。
小籔千豊

＊ Festival Life 主催者インタビュー（2018年）より　©KOYABU SONIC

ITAMI GREENJAM
【イタミ グリーンジャム】

📍エリア 兵庫県 伊丹市昆陽池公園
📅時期 9月中旬　🏠屋内外 野外

自分達の街は自分達でおもしろく！市民の表現の場としてのフェス

2014年から兵庫県伊丹市で開催されている入場無料のローカルフェス。メジャーなアーティストも出演するが、地元勢や子どもたちの表現の場としてもステージを活用している。また、商店街にビルやカフェを展開するなど、"自分の街は自分達でおもしろく"を掲げ、フェス発信での地域活性にチャレンジしている。

ARTISTS
スチャダラパー、ガガガSP、七尾旅人、ドミコ、FIVE NEW OLD

ACCESS
車での来場は禁止。JR「伊丹駅」、「阪急伊丹駅」両駅から市バスにて移動。

主催者コメント　／　「市民表現文化祭」を掲げ、老若男女、約800名の市民を主体として作り上げる新しい時代の文化祭です。いつの時代も文化祭という営みは必要だと信じて開催しています。
大原 智

©ITAMI GREENJAM

---

shima fes SETOUCHI
【シマ フェス セトウチ】

📍エリア 香川県 直島
📅時期 9月中旬　🏠屋内外 野外

船に乗らないといけないフェス 瀬戸内カルチャーが大集合！

瀬戸内海が舞台となる野外フェス、通称「島フェス」。瀬戸内海に面する1府11県に縁のあるアーティストや、"島"にまつわるアーティストがラインナップされるのが特徴。瀬戸内感溢れるフード出店やマーケットも人気。会場となる直島はいたるところに芸術作品が展示されているので、島全体を散策してみよう。

ARTISTS
曽我部恵一、前野健太、MONO NO AWARE、TENDRE

ACCESS
宇野港または高松港から船で直島へ。港からは、バスにて移動。

実行委員会コメント　／　世界の宝石と称される美しい瀬戸内海を舞台とした野外音楽フェスティバル「shima fes SETOUCHI ～百年つづく、海と森の音楽祭。～」です！
shima fes SETOUCHI 実行委員会

©shima fes SETOUCHI

04	APR.
05	MAY
06	JUN.
07	JUL.
08	AUG.
09	SEP.
10	OCT.
11	NOV.
12	DEC.
01	JAN.
02	FEB.
03	MAR.

APR. 04
MAY 05
JUN. 06
JUL. 07
AUG. 08
SEP. 09
OCT. 10
NOV. 11
DEC. 12
JAN. 01
FEB. 02
MAR. 03

UMK SEAGAIA JamNight

【ユーエムケー シーガイア ジャムナイト】

📍エリア 宮崎県 シーガイアスクエア1
📅時期 9月中旬　🏠屋内外 野外

40年以上の歴史を誇る、国内屈指の老舗フェス

テレビ宮崎が主催する野外フェス。リゾート施設の多目的広場が会場となり、幅広いジャンルのアーティストが集う。前身となる「PHOENIX JAZZ INN」というジャズフェスが1977年にスタートした後、「SEAGAIA JamNight」として生まれ変わり、40年以上にわたり継続して開催されている。

ARTISTS

10-FEET、ウルフルズ、C&K、サンボマスター、Creepy Nuts

ACCESS

JR「宮崎駅」西口から有料臨時バスで約30分。

主催
コメント
／
会場は松林に囲まれた天然芝が広がる多目的広場で、ラグビー日本代表やプロサッカーのキャンプ地としても使用されています！宮崎の食材を使ったフェス飯もお薦めです！
UMK テレビ宮崎　有馬

©UMK SEAGAIA JamNight

いしがき MUSIC FESTIVAL

【いしがき ミュージック フェスティバル】

📍エリア 岩手県 盛岡城跡公園周辺
📅時期 9月下旬　🏠屋内外 野外

盛岡の街を歩きながら音楽を堪能するフリーフェス

岩手県盛岡市の複数会場で開催される都市型フェス。入場無料ながら、音楽シーンで活躍するアーティストに加え、地元のアーティストのライブも存分に楽しめる。街なかでの開催ということもあり、商店街での専門学校の文化祭やマルシェなど、派生イベントも開催されている。街歩きを楽しみながらステージを巡ろう。

ARTISTS

The BONEZ、フラワーカンパニーズ、KenYokoyama、アルカラ

ACCESS

JR「盛岡駅」から徒歩約15分。車の場合、「盛岡IC」からは約15分。

実行委員会
コメント
／
盛岡城跡公園を中心に、盛岡市内10会場で開催される、全会場無料のフリーフェス。中心市街地で開催されるフリーフェスとしては、全国最大規模。
いしがきミュージックフェスティバル実行委員会

© いしがき MUSIC FESTIVAL

THE HOPE

【ザ ホープ】

📍エリア 東京都 お台場THE HOPE特設会場
📅時期 9月下旬　🏠屋内外 野外

サプライズ演出も多数！新世代ヒップホップフェス

東京お台場で開催される国内最大級のヒップホップフェス。2022年の初開催は代々木体育館での屋内開催だったが、翌年から野外開催に。2022年には、当時、活動の"終演"を発表したばかりのKANDYTOWNが予告なしで登場。2023年は舐達麻のステージに Awich が登場するなど、サプライズも多い。

ARTISTS

BAD HOP、Yellow Bucks、PUNPEE、ちゃんみな、舐達麻

ACCESS

ゆりかもめ「台場駅」から徒歩5分。

実行委員会
コメント
／
世代を超えて HIPHOP シーンの最前線で活躍するアーティストたちが、お台場 THE HOPE 特設会場に集結。リアルタイムな HIP HOP がここに。

THE HOPE 実行委員会

©Daiki Miura

BMSG FES

【ビーエムエスジー フェス】

📍エリア 開催年毎に変更あり
🗓時期 秋ごろ　🏠屋内外 屋内外

BMSG所属のメンバーが集結!
テーマを持った事務所主催フェス

SKY-HI率いるBMSG主催の音楽フェス。所属アーティストとトレーニーが集結し、それぞれのグループの垣根を超えたコラボや、新曲を披露するなど、事務所主催だからこそできる演出、さらにサプライズが豊富に用意されている。毎回異なるテーマが設定され、それに沿った開催場所や演出が楽しめるのも特徴。

ARTISTS
SKY-HI、Novel Core、BE:FIRSTを含むBMSG所属メンバー

ACCESS
年によって開催場所が変わるので、公式サイトをチェック!

主催者コメント	BMSG所属メンバーが総集結するのは本フェスのみ。2022年は「NEO EDO」、2023年は「東西対決」とFESの一部にコンセプトを持たせて楽しんでいただけるようにしています。 SKY-HI

©BMSG FES

Mt.FUJIMAKI

【マウント フジマキ】

📍エリア 山梨県 山中湖交流プラザきらら
🗓時期 9月下旬~10月上旬　🏠屋内外 野外

藤巻亮太が地元を盛り上げる!
富士山をバックにした絶景ライブ

山梨出身のミュージシャン藤巻亮太が主催する野外フェス。「原っぱエリア」は入場料は無料で、地元の食材を使ったフードや「フジマキーマ」や「粉雪パンケーキ」などのコラボフードも。2022年、2023年にはテントやキャンプギアの即売会や体験ができる「OUTDOOR CAMP STYLE in 山中湖」も同時開催された。

ARTISTS
藤巻亮太、ACIDMAN、TRICERATOPS、PUFFY、OAU 他

ACCESS
「富士山駅」から路線バスで山中湖へ。山中湖からは周遊バスで移動。

主催コメント	初秋の富士山をのぞむ最高に気持ちの良い山中湖で、素敵な音楽とフードコート、野外エリアも含め、ご家族でものんびりとお楽しみいただけます。 Mt.FUJIMAKI スタッフ

©Ryo Higuchi

オハラ☆ブレイク

【オハラ ブレイク】

📍エリア 福島県 猪苗代湖畔 天神浜オートキャンプ場
🗓時期 9月下旬~10月上旬　🏠屋内外 野外

猪苗代湖畔で絶景キャンプを
楽しめる音楽&アートフェス

「ARABAKI ROCK FEST.」を主催するGIPが手がける音楽&アートフェス。猪苗代湖畔の会場には、常設の野外音楽堂ステージに加え、地元のフードやワークショップが楽しめるマーケットが並び、キャンプ泊も可。ミュージシャンだけでなく、様々なジャンルのアーティストが展示などを行うのも特徴。

ARTISTS
サニーデイ・サービス、奥田民生、日食なつこ、奈良美智

ACCESS
JR「猪苗代駅」から有料シャトルバスで約10分。

プロジェクトチームコメント	音楽、舞台、美術、写真、映画、小説、食などのジャンルで活躍する表現者たちと猪苗代湖畔を舞台に「大人の文化祭」をテーマに創る、スローライフを大切にしたお祭りです。 ARABAKI PROJECT

© オハラ☆ブレイク

04	APR.
05	MAY
06	JUN.
07	JUL.
08	AUG.
09	SEP.
10	OCT.
11	NOV.
12	DEC.
01	JAN.
02	FEB.
03	MAR.

APR. 04
MAY 05
JUN. 06
JUL. 07
AUG. 08
SEP. 09
OCT. 10
NOV. 11
DEC. 12
JAN. 01
FEB. 02
MAR. 03

PIA MUSIC COMPLEX

【ピア ミュージック コンプレックス】

📍 エリア　東京都 新木場若洲公園
📅 時期　9月下旬～10月上旬　　🎪 屋内外　野外

野外×都市型の良いとこ取り!
開放感と快適さが魅力の万能フェス

「ぴあ」が主催する都市型野外フェス、通称「ぴあフェス」。東京ゲートブリッジの絶景ポイントでもあるエリアに、メインステージを含む3ステージが展開され、その年の夏フェスを沸かせた人気アーティストが集う。また、会場にはNPO団体が出店しており、環境問題がテーマのワークショップなども体験できる。

ARTISTS

Creepy Nuts、クリープハイプ、04 Limited Sazabys

ACCESS

JR「新木場駅」で下車。駅からはシャトルバスまたは徒歩で移動。

主催者コメント／　東京ゲートブリッジを間近に望む若洲公園で開催している「ぴあフェス」は、全3ステージの行き来もしやすいフェス初心者に優しいフェスです。フェスビギナーにぜひ!

千葉明代

©PIA MUSIC COMPLEX

EACH STORY ~THE CAMP~

【イーチ ストーリー ザ キャンプ】

📍 エリア　長野県 五光牧場オートキャンプ場
📅 時期　10月上旬　　🎪 屋内外　野外

美しい景色とともに音楽を楽しむ
大人のためのリスニングイベント

長野県五光牧場オートキャンプ場で開催されるキャンプフェス。国内外からアンビエント、ジャズ、ワールドなど幅広いジャンルから厳選されたアーティストが集い、美しいロケーションと心地よいサウンドデザインを楽しめる。レコードショップ、本屋、サウナなどが並ぶマーケットも魅力。

ARTISTS

Black Boboi、East Forest & Peter Broderick、Banksia Trio

ACCESS

中央高速道「長坂」ICより国道28号、141号経由で約25～30分。

主催者コメント／　日本で一番美しい野外リスニングイベントです。国内外から世界基準の音楽家を独自の視点でブッキング、食事、出店なども含みこだわりの店舗が集います。

大形純平

Photo by Makoto Ebi / @makotoebi.photographs

池子の森の音楽祭

【いけごのもりのおんがくさい】

📍 エリア　神奈川県 池子の森自然公園
📅 時期　10月　　🎪 屋内外　野外

全世代が楽しめる!
市民発のボーダレスな音楽祭

米軍との共同使用が始まった池子の森自然公園で、2017年にスタートした音楽フェス。逗子にゆかりのあるアーティストの出演をはじめ、地元のお店の出店や地産地消をテーマにした企画など、地域に根ざしたフェスとして愛されている。ワークショップが豊富に用意されていて、子ども連れの参加も多い。

ARTISTS

no.9 orchestra、Ann Sally、KEIZOmachine!、高木完、ComplianS

ACCESS

京浜急行「神武寺駅」より徒歩約8分。

主催者コメント／　地元の音楽好きがそれぞれの得意分野を持ち寄って本気でつくりあげてます。これだけ自由にたくさんの子どもたちが走り回っている音楽フェスもなかなかないのでは?

長島 源

© 池子の森の音楽祭

WIRED MUSIC FESTIVAL
【ワイアード ミュージック フェスティバル】

📍エリア 愛知県 Aichi Sky Expo 多目的利用地
📅時期 10月　🏠屋内外 野外

数々の大物の来日を実現!
世界基準のラインナップが魅力

「日本から世界へ」をコンセプトに掲げた東海発の都市型フェス。ダンスミュージックやヒップホップを中心としながら様々なジャンルの大物が並ぶのが特徴で、これまでに THE KID LAROI、Wiz Khalifa、BLACKPINK らの来日を実現。2022年には福岡でも開催された。

ARTISTS

THE KID LAROI、STEVE AOKI、きゃりーぱみゅぱみゅ

ACCESS

「中部国際空港セントレア」から国際展示場まで徒歩約5分。

主催者
コメント
／ 国内外から豪華アーティストを迎え、世界基準の舞台装置を用いたライブを軸にアート・ファッション・フードなど様々なカルチャーをクロスオーバーしたフェスです。
WIRED PRODUCTION

©WIRED MUSIC FESTIVAL

UNI9UE PARK
【ユニークパーク】

📍エリア 東京都 お台場・潮風公園／太陽の広場 野外特設会場
📅時期 10月　🏠屋内外 野外

約80店舗が出店!
買い物も楽しい都市型フェス

ライフスタイルブランド「niko and ...」が手がける野外フェス。音楽ステージが設置された有料エリアと、ファッションや雑貨、フードなどのブースが数多く並ぶ無料のマーケットエリアに分かれており、ライブの合間にショッピングやグルメを楽しめる。オフィシャルグッズのデザインも毎年お洒落なので要チェック!

ARTISTS

HY、Original Love、chelmico、FIVE NEW OLD、GAKU-MC

ACCESS

「台場駅」から徒歩5分、「東京テレポート駅」から徒歩12分。

実行委員長
コメント
／ ジャンルや世代を超えて楽しめるライブを主軸に、「ニコアンド」が提案する"uni9ue senses"（衣・食・住・遊・知・健・旅・音・LOCAL）を体験できます。
寺嶋 元樹（niko and ... UNI9UE PARK 実行委員会）

©UNI9UE PARK'23

たちかわ妖怪盆踊り
【たちかわようかいぼんおどり】

📍エリア 東京都 立川市内
📅時期 10月上旬　🏠屋内外 野外

ドレスコードは浴衣か妖怪!?
バンドの生演奏で盆踊り

"妖怪"に扮して盆踊りを踊るイベント。民謡クルセイダーズや切腹ピストルズといった場の雰囲気にマッチしたアーティストのライブや DJ パフォーマンスが楽しめる。会場には櫓やお祭り屋台が並び、完成度の高さを競う妖怪コンテストなども開催。電気グルーヴの楽曲「モノノケダンス」のような世界が目の前に!

ARTISTS

石野卓球、スチャダラパー、民謡クルセイダーズ、切腹ピストルズ

ACCESS

JR立川駅から徒歩圏内。

実行委員長
コメント
／ 「人間立入禁止!!」。一歩会場に足を踏み入れるとあなたはもう妖怪です。妖怪になって一緒に踊りましょう。もう人間界には戻れなくなるほど楽しい妖怪村、一度体験してみては?
たちかわ妖怪盆踊り実行委員長　齊藤 崇

© たちかわ妖怪盆踊り

04 APR.
05 MAY
06 JUN.
07 JUL.
08 AUG.
09 SEP.
10 OCT.
11 NOV.
12 DEC.
01 JAN.
02 FEB.
03 MAR.

APR. 04
MAY 05
JUN. 06
JUL. 07
AUG. 08
SEP. 09
OCT. 10
NOV. 11
DEC. 12
JAN. 01
FEB. 02
MAR. 03

森波 ~ Wood Vibration ~
【しんば ウッド バイブレーション】

📍エリア 宮城県 伝統芸能伝承館「森舞台」
📅時期 10月上旬～中旬*　🏕屋内外 野外

文化財で音楽フェス！
能舞台ならではの音響を味わう

宮城県登米市で2008年から続く野外音楽フェス。会場は無形民俗文化財『登米能』を上演するための「森舞台」。この日だけはプロの音響チームによって、音楽ライブ用の音作りが行われ、"和"を感じながらライブを楽しめる。主催者の柴田氏が営む、コーヒーとカレーが名物の「CAFE GATI」も会場から近い。

ARTISTS
犬式、金子 巧、Keyco
& The Handoors、山仁

ACCESS
「県庁市役所前」から高速バス、または三陸道「登米IC」から車で約4分。

主催者
コメント
／　人口4,000人の町で、地元の人間が続けている野外音楽祭です。町内にある建築家、隈研吾さんの代表作の一つ「伝統芸能伝承館・森舞台」を会場にしています。

柴田道文

＊2024年から秋開催へ変更。　© 森波 ～ Wood Vibration ～

シマネジェットフェス・ヤマタノオロチライジング
【シマネジェットフェス ヤマタノオロチライジング】

📍エリア 島根県 古墳の丘 古曽志公園
📅時期 10月上旬　🏕屋内外 野外

ステージは古墳!?
ジェットロッカーが島根に集結！

島根県松江市で開催される、ギターウルフ主催の野外フェス。結成30周年を迎えた2017年から、ギターウルフ・セイジの故郷で開催されており、会場内でのライブの他、「畑電ステージ」という、走行中の電車内のライブも恒例イベント。翌日はライブハウスで後夜祭が行われ、前日にはスナックで前夜祭も!?

ARTISTS
ギターウルフ、おとぼけビ～バ～、KING BROTHERS、奇妙礼太郎、PUFFY

ACCESS
一畑電車「朝日ヶ丘駅」から徒歩6分。

主催者
コメント
／　神話の国しまねが送るロックンロールの大祭典！みんなのハートをジェットにしたい！でっかい宍道湖を眼下に見て空の下で大騒ぎしましょう！

ギターウルフ セイジ

© シマネジェットフェス・ヤマタノオロチライジング

FM802 MINAMI WHEEL
【エフエム802 ミナミ ホイール】

📍エリア 大阪府 大阪ミナミ一帯の各ライブハウス
📅時期 10月上旬～中旬　🏕屋内外 屋内

モデルはアメリカのSXSW
才能にいち早く出会える！

アメリカの「SXSW」をモデルに1999年にスタートした、FM802主催のライブサーキットフェス、通称「ミナホ」。大阪ミナミ一帯のライブハウス20箇所以上が会場となり、450組以上のアーティストが出演。街なかでの開催なので、リストバンド提示でサービスが受けられるお店も。ライブの合間に食べ歩きを楽しもう！

ARTISTS
ヤングスキニー、カネヨリマサル、the quiet room、鉄風東京、w.o.d.

ACCESS
御堂筋線「心斎橋駅」から 徒歩10～15分圏内。

主催事務局
コメント
／　大阪ミナミ一帯のライブハウス20会場以上で毎年開催するショーケース・ライヴ・フェス。MY タイムテーブルを組んで会場を回るもよし、パス特典でお得にグルメを楽しむのもよし！
MINAMI WHEEL 事務局

©MINAMI WHEEL

TOKYO ISLAND
【トーキョー アイランド】

📍エリア 東京都 海の森公園 森づくりエリア
🗓時期 10月中旬　🧍屋内外 野外

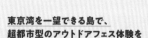

東京湾を一望できる島で、超都市型のアウトドアフェス体験を

お台場から車で約15分の巨大埋立地にて開催される都市型のキャンプフェス。東京ドーム約10個分という広さを活かしたゆったりとしたキャンプサイトの他、サウナ、謎解きゲーム、BBQ、恐竜アトラクションなど、多様なアトラクションが体験できるのが特徴。東京湾岸の夜景は必見！

ARTISTS
マカロニえんぴつ、10-FEET、BMSG POSSE、BREIMEN

ACCESS
「東京テレポート駅」、「国際展示場駅」から車またはバスで約15分。

主催者コメント
／
東京湾に面する新たな埋め立て島にて開催するフェスです。ディズニーランドと同じ面積を誇る公園にてキャンプも音楽も楽しめる、次世代型の都市型巨大フェスにご注目を！
鹿野 淳

©TOKYO ISLAND

MIYAKO ISLAND ROCK FESTIVAL
【ミヤコ アイランド ロック フェスティバル】

📍エリア 沖縄県 宮古島トゥリバー地区
🗓時期 10月中旬　🧍屋内外 野外

宮古島の自然×音楽を堪能！日本最南端のロックフェス

「離島の子どもたちに本物の音楽を聴かせることで、大きな夢を与えたい」という想いで、地元の若者が2005年に立ち上げたロックフェス。それに賛同したロックバンドを中心としたアーティストが県内外から集う。航空券とチケットがセットになったツアーもあるので、早めに計画を立ててフェスと旅を楽しもう！

ARTISTS
HY、ELLEGARDEN、かりゆし58、ザ・クロマニヨンズ

ACCESS
オフィシャルツアーあり。宮古空港から車で移動。

主催者コメント
／
離島ならではの輸送コストや宿泊施設不足など課題を抱えながらも宮古島民や観客の想いに支えられ沖縄を代表する夏フェスとして知られるようになりました。
野津芳仁

©MIYAKO ISLAND ROCK FESTIVAL

Brightness
【ブライトネス】

📍エリア 未定＊
🗓時期 未定＊　🧍屋内外 野外

音楽とアートを夜通し浴びる！空間演出が光る都市型フェス

都市部でありながらも開放的なロケーションで、春または秋に行われるオールナイトの都市型フェス。ダンスミュージックを中心としつつ、ヒップホップ勢もバランスよくラインナップされる。音楽のみならず、会場装飾や光の演出にもこだわっており、会場全体の洗練された雰囲気も人気の秘訣。

ARTISTS
OZworld、DJ KENTARO、O.N.O(THA BLUE HERB)

ACCESS
年によって開催場所が変わるので、公式サイトをチェック！

主催者コメント
／
非日常空間を演出する会場内いっぱいに散りばめられたデコレーション、レーザーやライティングが大変ご好評いただいております。
TAICHI KAWAHIRA

＊直近は2023年10月に神奈川県川崎市で開催。©Brightness

04	APR.
05	MAY
06	JUN.
07	JUL.
08	AUG.
09	SEP.
10	OCT.
11	NOV.
12	DEC.
01	JAN.
02	FEB.
03	MAR.

APR. 04
MAY 05
JUN. 06
JUL. 07
AUG. 08
SEP. 09
OCT. 10
NOV. 11
DEC. 12
JAN. 01
FEB. 02
MAR. 03

GOOD NEIGHBORS JAMBOREE
【グッド ネイバーズ ジャンボリー】

📍エリア 鹿児島県 リバーバンク森の学校
📅時期 10月中旬　🏠屋内外 野外

森の学校に集い、みんなでつくる大人の文化祭

鹿児島県南九州市の森のなかの廃校で行われるローカルフェス。「グッドネイバーズ（良き隣人たち）」の想いで繋がる地元のクリエイターたちが中心となって運営し、子どもから大人まで楽しめるワークショップやトークイベントも充実。フェスの歴史をまとめた書籍も出版されているので気になった人はチェック！

ARTISTS

otto&orabu他、毎年異なるゲストアーティストが出演

ACCESS

鹿児島空港（九州自動車道経由）から車で約1時間15分。

実行委員会コメント 　一番大切にしていることは、来場者、地域、実行委員誰もがフラットに楽しめるムード。地元の食や音楽、クラフトなど、とっておきの楽しさを皆で共有する時間が醍醐味です。
GOOD NEIGHBORS JAMBOREE 実行委員会

©GOOD NEIGHBORS JAMBOREE

南相馬・騎馬武者ロックフェス
【みなみそうま きばむしゃロックフェス】

📍エリア 福島県 馬事公苑
📅時期 10月　🏠屋内外 野外

フェスで南相馬の未来を照らす！締めには花火も！

「震災の影響などで故郷を離れた人たちが年に一度でも帰ってくるきっかけにしたい」という想いから2014年にスタート。温かくのんびりした手作りの雰囲気が魅力のフェス。ライブ後に全国から寄せられた募金による「みんなの花火」が打上げられる。実行委員は各地で起きた災害の復興支援ボランティアにも尽力している。

ARTISTS

MONOEYES、LOW IQ 01、locofrank、四星球、竹原ピストル、花男

ACCESS

JR「原ノ町駅」から有料シャトルバスで約30分。

主催者コメント 　「おかえり ただいま ぼくらのふるさとまつり」をテーマに皆が集い笑顔で過ごせるフェスです。今年も皆さんの「ただいま」を待っています。
騎馬武者ロックフェス実行委員会　代表　鎌田仁

© 南相馬・騎馬武者ロックフェス

Peter Barakan's LIVE MAGIC!
【ピーター バラカン ライブマジック】

📍エリア 東京都 恵比寿 ザ・ガーデンホール & ザ・ガーデンルーム
📅時期 10月下旬　🏠屋内外 屋内

ピーター・バラカン厳選！こだわりの音楽とフードが揃うフェス

国内外から実力派のアーティストがラインナップされ、コアな音楽ファンが集う大人の音楽フェス。おすすめのお店に加え、バラカン家でのレシピで作られたメニューも味わえるなど、フードエリアも充実している。interfm「Barakan Beat」での出演アーティストの予習もお忘れなく！

ARTISTS

Jon Cleary、Sonny Landreth、民謡クルセイダーズ、濱口祐自

ACCESS

JR山手線・地下鉄日比谷線「恵比寿駅」から徒歩約5分。

主催者コメント 　2014年から始まり、毎回、僕が観たい！と思うアーティストだけを呼んでいます。各国の個性溢れる音楽はもちろん、美味しい飲食（Food Magic）も充実しています。
ピーター・バラカン

©Moto Uehara

OSAKA HAZIKETEMAZARE FESTIVAL
【オオサカ ハジケテマザレ フェスティバル】

📍エリア 大阪府 泉大津フェニックス
🗓時期 10月下旬　🅰屋内外 野外

HEY-SMITH縁のバンドが集結！
音量制限なしの爆音ライブ

HEY-SMITH が主催する野外フェス、通称「ハジマザ」。2011年に大阪市内のライブハウスを使用したサーキットイベントとしてスタートし、2014年に野外開催を敢行。毎年20バンド以上のアーティストが出演するが、会場となる泉大津フェニックスは音量制限がないので、大迫力のバンドサウンドを味わえる。

ARTISTS
10-FEET、ELLEGARDEN、Ken Yokoyama、MAN WITH A MISSION 他

ACCESS
南海電鉄 南海本線「泉大津駅」よりシャトルバスで約10～20分。

主催者コメント　／　毎年20バンド以上のアーティストが出演！会場内にはスケートランプも設置し、トッププロのスケーターも参加！ストリートカルチャーともリンクしているロックフェスです！
HEY-SMITH

Hazimaza Photographers：HayachiN、半田安政、岩渕直人

BOB ROCK FESTIVAL
【ボブ ロック フェスティバル】

📍エリア 大阪府 服部緑地野外音楽堂
🗓時期 10月下旬　🅰屋内外 野外

きっかけは週末の仕事…
月曜のお昼から楽しむ音楽フェス

「土日に休みづらい美容師さんにフェスを」という想いで、2019年にスタート。月曜の昼間から緑豊かな野外ステージでのライブ、美味しいフードやお酒を堪能し、夕暮れ時には幻想的なクライマックスを迎える。2023年はくるりがヘッドライナーを務めるなど、平日らしからぬ豪華なラインナップが魅力。

ARTISTS
くるり、iri、tofubeats、yonawo、奇妙礼太郎

ACCESS
御堂筋線直通・北大阪急行「緑地公園駅」から徒歩約5分。

主催者コメント　／　美容師さんをはじめ、アパレル、飲食の皆さんも大集合するカラフルなフェスです！いつもよりちょっと大胆にお洒落して、自由で開放的な雰囲気を楽しんでください！
株式会社ガモウ関西 亀井瞬

©BOB ROCK FESTIVAL

THE GREAT SATSUMANIAN HESTIVAL
【ザ グレイト サツマニアン ヘスティバル】

📍エリア 鹿児島県 南栄リース桜島広場&グラウンド
🗓時期 10月　🅰屋内外 野外

フェスではなく"ヘス"！
鹿児島の魅力を全国に発信！

鹿児島出身のタブゾンビ（SOIL&"PIMP"SESSIONS）が発起人となり、2018年にスタートした野外フェス。コロナ禍の影響で3年連続中止となったが、2023年は食のテーマパーク「OLIVER LAND」とタッグを組んで復活した。「ヘス」は火山灰を指す鹿児島弁の「灰（へ）」と「フェス」をかけた造語。

ARTISTS
SOIL&"PIMP"SESIONS、C&K、[Alexandros]

ACCESS
JR「鹿児島中央駅」からバスで移動。その後桜島フェリーに乗り換え。

実行委員会コメント　／　九州本土最南端の音楽ヘスティバル！鹿児島では火山灰のことを「へ」と呼ぶ方言があり、フェスでなく「ヘス」と名付けています。
サツマニアン実行委員会

© THE GREAT SATSUMANIAN HESTIVAL

04	APR.
05	MAY
06	JUN.
07	JUL.
08	AUG.
09	SEP.
10	OCT.
11	NOV.
12	DEC.
01	JAN.
02	FEB.
03	MAR.

APR. 04
MAY 05
JUN. 06
JUL. 07
AUG. 08
SEP. 09
OCT. 10
NOV. 11
DEC. 12
JAN. 01
FEB. 02
MAR. 03

麦ノ秋音楽祭
【むぎのときおんがくさい】

📍エリア 埼玉県 COEDOクラフトビール醸造所
📅時期 10月下旬～11月上旬*　🏕屋内外 野外

春と秋の2回開催!
秋に種を蒔いて、春に乾杯!

埼玉県の COEDO クラフトビール醸造所の敷地で開催されるキャンプフェス。麦が生育する周期に合わせ、参加者みんなで種を蒔く「#Seeds」(秋)と、黄金の麦畑を眺めて乾杯する「#Harvest」(春)の年2回開催される珍しい形式のフェス。ビールと音楽に酔いしれたら、あとはテントで眠るだけ!

ARTISTS

ACIDMAN、UA、田島貴男、Caravan、とまとくらぶ、U-zhaan、SCANDAL

ACCESS

東武東上線「森林公園駅」北口から有料シャトルバスで約10分。

実行委員会
コメント
／ フェスビギナーの方も気軽に楽しめるアットホームな規模感でリピーターも多いです。キャンプなしの日帰りも OK!美味しいビールをご堪能ください。

麦ノ秋音楽祭実行委員会

＊5月開催もあり　© 麦ノ秋音楽祭

焚キ火ノ音 -TAKIBI MUSIC FESTIVAL-
【たきびのおと タキビ ミュージック フェスティバル】

📍エリア 東京都 若洲公園キャンプ場
📅時期 10月下旬～11月中旬　🏕屋内外 野外

東京都内で焚き火、キャンプ泊、
野外ライブを楽しめる貴重なフェス

都心部でありながら焚き火ができる貴重な会場で行われるアウトドアフェス。焚き火とともにゆったりと楽しめる。音楽ライブに加え、焚き火台や雑貨などが並ぶマーケットや、クラフト体験などのワークショップも充実。焚き火台のレンタルや薪の販売も行っているので身軽にアウトドア＆キャンプを体験することができる。

ARTISTS

PUSHIM × 韻シスト、DÉ DÉ MOUSE、ROTH BART BARON

ACCESS

JR「新木場駅」で下車。駅からは無料シャトルバスが運行。

実行委員会
コメント
／ フラッと手ぶらで楽しめる本格派の野外フェスになっているので、焚き火と素敵な音楽で作る非日常的な空間を感じてください。

焚キ火ノ音実行委員会

© 焚キ火ノ音 -TAKIBI MUSIC FESTIVAL-

Local Green Festival
【ローカル グリーン フェスティバル】

📍エリア 神奈川県 横浜赤レンガ倉庫
📅時期 秋ごろ　🏕屋内外 野外

GREENROOMが手がける、
緑を身近に感じられる音楽フェス

春の「GREENROOM FESTIVAL」(P.42)と同じ会場で行われる「Life with Green」をコンセプトにした野外フェス。音楽ステージに加え、グリーンマーケットと呼ばれるエリアが展開され、数多くのボタニカルショップが並ぶ。観葉植物や多肉植物を購入できる他、植木のワークショップなども体験できる。

ARTISTS

Lucky Kilimanjaro、iri、Awich、BREIMEN、CreativeDrugStore

ACCESS

みなとみらい線「馬車道駅」より徒歩約6～10分。

主催者
コメント
／ ボタニカルショップが集まったグリーンマーケット、地元の食材を使ったローカルフードコートも充実したグリーンとグッドミュージックに包まれる2日間。

GREENROOM CO. 釜萢直起

©Local Green Festival

　　※ ARTISTS はすべて 2023年開催時

COLUMN #2

参加するだけじゃ満足できない!?
フェスにもっと関わるには…

憧れのフェスの
ステージに立つ！

1000人ROCK FES. GUNMA：毎年6月に開催。課題曲発表や事前エントリーは春ごろ

© 1000人ROCK FES. GUNMA

「出演アーティストのライブを楽しむ」というのが音楽フェスの基本的なスタイルですが、なかにはそんな常識が当てはまらない個性的なフェスも存在します。群馬県渋川市で開催される「1000人 ROCK FES.GUNMA」は、ボーカル、ギター、ベース、ドラムのそれぞれのパートを計1000名募集し、フェス名の通り、1000人でセッションする参加型のイベント。過去にはBOØWY、THE BLUE HEARTS、hide with Spread Beaver などの楽曲が課題曲として使われ、全国各地からアーティストのファンを中心に、プロアマ問わず、老若男女がその楽曲を演奏するために集まってきます。演奏はせずに、観覧だけでも参加可能なので、演奏参加者の家族や友人が暖かく見守る姿を多く見かけますが、観客に対する出演者の割合が異常に高いのもこのフェスの面白いところです。他にも、最近は家族や子どもをテーマにしたフェスが増えており、「ロッチル（ROCKS FORCHILE）」（P.127）では、子どもがステージに上がり歌や踊りを披露し、さらにアーティストと共演できる企画も用意されています。このように近年は、大人も子どもも能動的に関わることができるフェスや、フェス内の企画やアクティビティも増えてきているので、思い出作りにぜひ参加してみてはいかがでしょうか？

裏側を知って
フェスの中の人に

岩壁音楽祭：3年に一度の開催で次の2025年が最後の開催となる

© 岩壁音楽祭

山形県東置賜郡で開催される「岩壁音楽祭」は、岩壁に囲まれたロケーションのなかで行われるユニークな野外フェスですが、さらに他のフェスと違うのが、オープンソースなフェスを目指し、マニュアルや収支がすべて公開されていること。「運営側がイベントを提供し、参加者がそれを受け入れる」という目に見えない境界をなだらかにすることを目的として、スタッフは役割を果たすと同時にフェスを楽しみ、参加者はフェスを楽しむと同時に運営の背景を認識してもらう。当日配布されるリーフレットは「マニュアル」として配布されるのも興味深いポイントです。「フェスの裏側が知りたい」、「いつかフェスを開催したい」という人は要注目のフェスです。また、フェスはボランティアスタッフを募集していることが多く、当日の運営サポートはもちろん、事前の準備に関わることができるものもあります。各フェスが個別に募集しているものや、フジロックをはじめとした複数のフェスでごみゼロナビゲーションという活動を行っているNPO団体「iPledge」などを通してフェスをサポートするなど、さまざまな関わり方があります。フェス制作の裏側が知れるだけでなく、スタッフ同士の交流が楽しめたり、フェスによってはライブを観る時間が用意されていたりします。興味のある方は、フェスや団体の公式サイトやSNSをチェックして、フェスにもっと深く関わってみましょう！

#03 TOSHI-LOW

OAU/BRAHMAN（New Acoustic Camp オーガナイザー）

Interview_Shotaro Tsuda / Photograph_Kazuki Sato / Styling_Yu Kitajo(VIRGO wearworks)/Hair&Make_Masa Kameda
Text_Satomi Ishida

" 打ち上げの独特なノリを そのままフェスにしたら面白いんじゃないか "

—— New Acoustic Camp（以下、ニューアコ）開催のきっかけをお聞きしてもいいですか。

スタッフから「フェスをやりたい」と提案を受けたときに、世の中に存在しているフェスと同じことをするのは嫌だなと。時代の流れにあわせてフェスへの制約が厳しくなって、1997〜98年頃の野外フェス創世記に見られた自由さがだんだんと奪われているような感覚があったんだよね。もしフェスをスタートさせるのであれば、ルールに縛られて身動きが取れなくなるものは絶対に作りたくないと思っていたから、当時の主流とは真逆をいこうと。つまり"脱フェス化"をしなきゃいけなくて、それができるなら実施しようという流れに。脱フェス化となると音楽以外のコンテンツとして、規律というかイベントの指標みたいなものが欲しいなと考えたときに、キャンプだったらいけるかも。

—— 当時はキャンプフェス自体多くなかったように思うのですが、アイディアのもととなるような出来事があったんですか。

まだキャンプフェスという言葉が世の中に広まる前の話なんだけど、地元の先輩が借りた小さなキャンプ場に、当時「水戸ライトハウス」でよく遊んでいた仲間が100人くらい集まったことがあって。豚の丸焼きして、ロッジに雑魚寝して、その周りにテント張って。朝まで呑んでいるやつもいれば、途中でギターを持ってきて歌ったり、というのが猛烈に楽しくて。同じ空間にいるけど、思い思いに過ごすという型にはまらないスタイルは、完全に今のニューアコの原型になってる。

—— 打ち上げ的なノリですよね。誰かが明言しているわけではないけれど、ニューアコの会場にいるとその雰囲気を感じます。

打ち上げの独特なノリをそのままフェスにしたら面白いんじゃないかと思って。100人全員が同じことをやるわけじゃないし、好きに過ごしていいんだけど、準備や撤収は自然とみんなで協力しているとか。当たり前の人付き合いというか、本当はそういうのがやりたい。

アーティストと来場者の距離の近さがニューアコの特徴

―― 年を追うごとに規模を大きくしていくフェスも多いですが、ニューアコの場合は絶妙な規模感とクオリティを保っていると思います。そこはTOSHI-LOWさんの中で大切にしているところですか？

規模を拡大することで得られるメリットもあるけど、フェスを乱す人が入り込むリスクが格段に上がるんだよね。ルールを守るとかそういう次元じゃない人。だから大きすぎず小さすぎず、少し敷居が高いくらいがちょうどいいと思ってる。その方が同じ感覚を持った人が自然と集まってくるから。利益を目的としたイベントにしたいわけでもないしね。そういう俺の理想を汲んで、あらゆる角度から考えて動いてくれる運営スタッフがいるからこそ、開催当初から変わらないスタイルで続けてこられたんだと思うよ。

―― それは姉妹フェスでもあるACO CHiLL CAMP（P.57参照。以下、アコチル）も同様ですか？

結局のところ「子どもたちに何を見せられるか」なんだよね。ニューアコもアコチルも俺たちが来場者に向けて強く明言しているわけではないけれど、子どもの目の前で自分だけズルいことできますか？ 割り込みできますか？ 子どもを押しのけてステージの前方に行けますか？っていうこと。楽しく過ごしたいなら、大人として最低限の行動をしましょうよっていう。アコチルは会場が小さいので大人が楽しむというよりは、完全に子ども向けにしてるけど。子どもが楽しければいいじゃないかっていう。

―― ニューアコとアコチル、両方行かれる方って結構多いですよね。

すごく多い。毎年少しのバラつきはあるんだけど、ありがたいことに両方来てくれる方が年々増えていて。フェスとして推してくれる感じがすごく嬉しい。だってさ、ライブを全く観ていない人もいるんだよ。「ニューアコ来たんですけど、ライブ観ずに飲んでました。楽しかったっす」みたいな。それはそれでいい過ごし方だし、フェスに来ただけで楽しいって最高の褒め言葉じゃん。

―― ニューアコと同じく、来場者が会場にいるだけで楽しいと思えるローカルフェスが最近増えています。それぞれの理想郷を自分の地域で作ろうっていう意志の強い人が出てきてる。

なんでローカルフェスが続くかっていうとさ、企業化と利益化をしていないからじゃん？ 普段は飲食店やスタジオで仕事して、1年のうち2日くらい準備して開催する。利益が出なくてもマイナスじゃなければ来年もできるっていう考え方だからさ、作り手も観る側もそりゃ楽しいよ。やっぱりそういうピュアなイベントは周りも手伝いたくなるし。フェスを立ち上げようなんて生半可な気持ちじゃできないからさ。最近は町おこしの一環として音楽フェスを取り入れようとしている自治体もあるけど、そういう使われ方でうまくいっていない場合も多いよね。出演者や来場者には「音楽が好き」っていう共通の想いがあるからさ。音楽フェスをやるなら運営側にもその気持ちを持っていてほしいし、結局は純度の高いものをやっていかないとイベント自体の軸がブレるんだよ。もちろんうまく連携できてるフェスもあるけどね。

New Acoustic Campの
紹介ページは
P.90をチェック！

―― "地域のお祭り"的な役割を担ってもいるフェスも増えていますね。地域との関わりだと、僕はフェスの前後で観光地や音楽スポットなども巡るのがルーティーンなのですが、TOSHI-LOWさんもフェスやライブで遠くの街を訪れた際、観光などはされますか？

時間があればその土地の歴史から調べる。昔この位置に城があったから駅から遠い場所でも栄えているんだとか、地形を見るだけでもその土地が辿った歴史が見えてくる。訪れる場所のことはできるだけ深く知った方が、町を歩いているだけでも面白さが全然違うし、ライブにも反映されるんだと思う。知識を得るって自分にとって楽しいことなんだって気づいたのも大きい。そういう考えに切り替わったのは東日本の震災がきっかけかもしれない。

―― それは幡ヶ谷再生大学*の取り組みを通して考え方が変わったということですか？

人間ってさ、一回も行ったことがない場所には愛着が湧かないんだよ。知らない土地の名前が災害ニュースで流れても、気に留めるのは一瞬だったりするでしょ。例えばツアーや遠征で1回でも訪れたことがある場所だと、その場所で災害が起きたときに「何か自分にできることはないか」って考えて、すぐに行動できる。災害ボランティアにミュージシャンや音楽ファンが多いのってそういうことだと思うよ。どこかの町が困っていたら助けに行くという意識を与えてくれるという意味では、全国にフェスがたくさんあって、いろんな土地に呼んでもらえるというのは自分にとっていいことだと思う。

＊東日本大震災をきっかけにTOSHI-LOWが立ち上げた災害からの復興支援を目的としたNPO法人。

FESTIVAL de FRUE

【フェスティバル デ フルー】

APR. 04

MAY 05

JUN. 06

JUL. 07

AUG. 08

SEP. 09

OCT. 10

NOV. 11

DEC. 12

JAN. 01

FEB. 02

MAR. 03

📍エリア **静岡県 つま恋リゾート 彩の郷**　🗓時期 **11月上旬**　⛺屋内外 **野外**

こんな人におすすめ **こだわりのラインナップを楽しみたい人**

秋フェスシーズンの締めくくりに
五感を刺激する濃密な音楽体験を

魂の震える音楽&フードでフェスシーズンを締めくくる

昼間は暖かいが
深夜は冷えるので
防寒対策を

Photo by Makoto Ebi / @makotoebi.photographs

静岡県掛川市で毎年秋に開催される野外フェス。もともとはパーティだったが、2017年に初の野外開催を行い、現在に至る。世界各国から集うジャンルレスで個性的なラインナップはまさに唯一無二で、フェスシーズンを楽しみきったオーディエンスが全国各地から集まる。11月ながら昼間の温暖な気候も魅力。

フードもフェスが選び抜いたラインナップ

FRUEの会場内で味わえるフードも他のフェスとは一線を画す。オーガニックをベースに、主催者が選び抜いたフードのラインナップで最高の食体験をぜひ。

FRUEの YORIMICHI

TICKET

1日券と通し券があるが、1日券はどちらの日程でも使用可能。入場券：約15,000〜30,000円（1日〜2日券）

ARTISTS

Acid Pauli×Viken Arman、cero、GEZAN、Hermeto Pascoal e Grupo、中村佳穂（2023年開催時）

ACCESS

JR「掛川駅」南口からタクシーまたは有料シャトルバスで15〜20分。車の場合は駐車場から会場まで徒歩で約20分。無料周遊バスは15分おきに運行。

全国各地で開催されるイベントにも注目!

秋のFRUE開催前後には、東京・大阪をはじめとした関連公演（2023年には青森開催も）やアフターパーティーが行われ、フェス出演アーティストのライブがより深く、長く味わえる。夏に行われる都市型のコンパクトフェス&ツアー「FESTIVAL FRUEZINHO」（フルージーニョ）も人気。

MUTEK.JP

【ミューテック ジェービー】

📍エリア **東京都 渋谷 複数会場**　📅時期 **12月上旬**　🏠屋内外 **屋内**

こんな人におすすめ　**最先端のテクノロジーとともに音楽を楽しみたい人**

**都心のど真ん中で
最先端の電子音楽とデジタルアートを体感!**

テクノロジーを駆使したパフォーマンスから専門家によるカンファレンスまで!

街なかでの開催なので
普段着でOK

MUTEKは、カナダ・モントリオールをはじめ、世界7カ国で展開されている国際的な音楽イベント。日本上陸は2016年で、現在は東京・渋谷の複数会場での開催となっている。電子音楽やデジタルアートを中心に、通常のライブやコンサートでは味わえないオーディオビジュアルライブなどが楽しめる他、カンファレンス、ワークショップ、展示なども行われる。

テクノロジーを駆使した
パフォーマンスから
カンファレンスまで

音楽やアートを"学ぶ"こともできるフェス

アーティスト、クリエイター、専門家らによるパネルディスカッション、プレゼンテーションなど、音楽を楽しむだけでなく、最先端のテクノロジーやトレンドを学ぶことができる。

TICKET

1日券と3日通し券の他、25歳以下の特別割引チケットも。入場券：約7,000～25,000円（1日～通し券）

ARTISTS

YPY & Kodo（鼓童）、SPIME.IM、Sinjin Hawke & Zora Jones、Daito Manabe（2023年開催時）

ACCESS

2023年は、Spotify O-EAST、WOMB、渋谷ストリーム ホールなど渋谷区内の複数会場で開催。

MUTEKの YORIMICHI

公式のナイトイベントが終わった後はクラブ街へ

公式プログラムとしてオールナイトのパーティ（2023年はWOMB）が行われるが、会場周辺は日本屈指のクラブ街。フェス終わりに散策してみよう！

主催者コメント　国内外の新進気鋭なアーティストによる、実験的かつ革新的なオーディオ・ビジュアルパフォーマンスが体験できます！

岩波 秀一郎

04 APR.
05 MAY
06 JUN.
07 JUL.
08 AUG.
09 SEP.
10 OCT.
11 NOV.
12 DEC.
01 JAN.
02 FEB.
03 MAR.

APR. 04
MAY 05
JUN. 06
JUL. 07
AUG. 08
SEP. 09
OCT. 10
NOV. 11
DEC. 12
JAN. 01
FEB. 02
MAR. 03

音泉温楽
【おんせんおんがく】

📍 エリア　**長野県 渋温泉・金具屋**　🕐 時期 **12月上旬**　⛺ 屋内外 **屋内**

こんな人におすすめ　**温泉宿でゆったりしながら音楽も楽しみたい人**

温泉復古の大号令！
元祖・温泉フェスといえば音泉温楽

築80年を超える木造建築の大広間で行われる宴会フェス

お風呂上がりは
浴衣で参加

2009年に長野県・渋温泉にてスタートした、温泉×音楽がテーマのフェス。登録有形文化財である温泉宿「金具屋」を貸し切って行われ、金具屋に宿泊しての参加も可能。メイン会場となるのは、167畳という広さを誇る畳の大広間で、アコースティックライブやダンスミュージックも楽しめる。観客は全員着席というシュールな光景もここでは当たり前。

渋温泉宿泊者限定の外湯巡りもおすすめ

休憩時間中に、温泉に浸かったり、飲食店でご飯を食べたりして、また夜の宴会に戻ってくるのが音泉温楽スタイル。渋温泉宿泊者は無料の外湯めぐりも楽しめる。

音泉温楽の YORIMICHI

温泉からサルが見える!?

"スノーモンキー"で有名な「地獄谷野猿公苑」。寒い時期には、温泉に入る姿を見ることができるかも!?

写真提供：地獄谷野猿公苑

INFO

地獄谷野猿公苑
🏠 〒381-0401 長野県下高井郡山ノ内町大字平穏6845
📞 0269-33-4379 🕐 9:00〜16:00（11月〜3月）、8:30〜17:00（4月〜10月）

TICKET

2日通し券は200枚限定。宿泊施設予約は別途必要。入場券：約14,000円前後（フェスチケットのみ）

ARTISTS

DÉ DÉ MOUSE、前野健太、スカート、Summer Eye、川辺素（ミツメ）、Nagakumo（2023年開催時）

ACCESS

上信越自動車道「信州中野IC」より約20分。JR「長野駅」から長野電鉄線に乗り換え。「湯田中駅」より長電バスで約10分。新宿からのオフィシャルバスツアーあり。

主催者コメント
ネオ・スナックBAR「SENRYO」は渋温泉に現れた新感覚スナック。渋の方々の気さくな人柄と気の良さをぜひ体感してみて下さい。

鶴田宏和

© 音泉温楽

FM802 ROCK FESTIVAL RADIO CRAZY

【エフエム802 ロック フェスティバル レディオ クレイジー】

📍エリア 大阪府 インテックス大阪　📅時期 12月下旬　⛺屋内外 屋内

こんな人におすすめ 年末に人気アーティストのライブを一気に観たい人

関西の年末を彩る！
FM802主催のロック大忘年会

その年のフェスシーンを賑わせたアーティストが年の瀬の大阪に集結!

ステージ移動は屋外が多いので着脱しやすい上着持参で

04 APR.
05 MAY
06 JUN.
07 JUL.
08 AUG.
09 SEP.
10 OCT.
11 NOV.
12 DEC.
01 JAN.
02 FEB.
03 MAR.

大阪のラジオ局FM802主催の年末ロックフェス、通称「レディクレ」。若手からベテランまで多くのアーティストが出演するが、LUNA SEA（2023年）、aiko（2022年）、GLAY（2019年）といった普段フェスで見かけない大物の出演も見どころ。また神社、境内、さらにはこたつが置かれたステージなど、年末年始感溢れる装飾やセットがあるのも特徴。

ラジオと連動した企画に注目！

FM802料理部とのコラボフードや餅つき、レディクレ名物・こたつに入っての公開収録など、ラジオならではの企画も豊富。

レディクレの YORIMICHI

来年の幸せを祈願するならココに寄ろう！

「音波神社・境内ステージ」付近には、巨大な鳥居が設置され、番組コラボのおみくじや特製の御朱印帳も購入可能。書き初めならぬ"書き納め"もできる。

TICKET

通常のチケットの他、中高生割引、グループ割引がある。入場券：約10,000〜35,000円（1日〜3日券）

ARTISTS

Creepy Nuts、アイナ・ジ・エンド、SUPER BEAVER、KEYTALK、DISH//、10-FEET（2023年開催時）

ACCESS

大阪メトロ中央線「コスモスクエア駅」より徒歩約9分。2番出口東側の「ペデストリアンデッキ」は近隣居住区のため、当面の間通行は控えるよう案内されている。

主催コメント　大阪のラジオ局FM802が送るロック大忘年会「RADIO CRAZY」。こたつエリアやフードエリア、音波神社などライブ以外にも楽しみがいっぱいです！

FM802

COUNTDOWN JAPAN

【カウントダウン ジャパン】

📍エリア　**千葉県 幕張メッセ**　🗓時期 **12月下旬**　⛺屋内外 **屋内**

こんな人におすすめ　**フェスで1年を締めくくりたい人**

APR. 04
MAY 05
JUN. 06
JUL. 07
AUG. 08
SEP. 09
OCT. 10
NOV. 11
DEC. 12
JAN. 01
FEB. 02
MAR. 03

フェスで1年を締める
日本最大の年越し音楽フェス!

大晦日はオールナイト! 年越しライブをするアーティストにも注目!

屋内開催なので
ロングやパーカー姿で
過ごす人も多い

ロッキング・オン・ジャパン社が主催する日本最大の年越し音楽フェス、通称「CDJ」。千葉県・幕張メッセの屋内会場にて、4日間にわたり合計100組以上が出演。31日には年越しのカウントダウンライブが行われるのも恒例で、年明けすぐに新年の初ライブを楽しめる。会場内にあるカウントダウン神社には、CDJ限定の絵馬やおみくじも用意されている。

どのアーティストで
年を越す!?

メインステージ「EARTH STAGE」の年越しライブを誰が務めるかは、ヘッドライナーとともにその年のフェスシーンの象徴として毎年注目を集める。

TICKET

通し券の他、クロークチケットも事前購入が可能。入場券：約14,000~45,000円（1日~4日券）

ARTISTS

ELLEGARDEN、四星球、マルシィ、クリープハイプ、Vaundy、SUPER BEAVER（2023年開催時）

ACCESS

JR京葉線「海浜幕張駅」より徒歩5~15分。31日から夜通し楽しんだ人は、朝の電車が混雑するので、時間を空けるなどの工夫が必要。

CDJの
YORIMICHI

年明けイベントといえば「福袋」!元日販売も

幕張メッセと駅との間にある「三井アウトレットパーク 幕張」。元旦に終わるCDJ後にオープンを待って初買い＆福袋で運試し!

INFO

三井アウトレットパーク 幕張
🏠〒261-0021 千葉県千葉市美浜区ひび野2-6-1 📞043-212-8200 🕙10:00 ~ 20:00（ショップ）※レストランは店舗により営業時間が異なります

運営事務局
コメント

会場内には年末年始ならではのフェス飯や神社が登場。さらにカウントダウン後には会場内の装飾に変化が…!?

COUNTDOWN JAPAN 事務局

Music Lane Festival Okinawa

【ミュージック レーン フェスティバル オキナワ】

📍エリア 沖縄県ミュージックタウン音市場とその周辺　📅時期 1月下旬～2月中旬　🏠屋内外 屋内外

こんな人におすすめ　新しい才能をいち早く見つけたい人

昼間は半袖、夜は羽織るものがあるとベター

日本からアジア、そして世界へ羽ばたく
アーティストが集うショーケースフェス

音楽の街・コザを歩き回って、新しい才能を発掘しよう!

04 APR.
05 MAY
06 JUN.
07 JUL.
08 AUG.
09 SEP.
10 OCT.
11 NOV.
12 DEC.
01 JAN.
02 FEB.
03 MAR.

沖縄県・コザで開催される、日本では数少ないショーケース型の音楽フェス。公募で出演者を募集し、国内以外にも、海外、特にアジア発のアーティストが多数出演する。ライブハウスやカフェなどが会場となり、街歩きを楽しみながらフェスに参加できる。世界中から音楽関係者が集っており、このフェスがきっかけで海外進出を果たすアーティストも。

カンファレンスで
最新のトレンドを知ろう!

「Trans Asia Music Meeting」は、アーティストや音楽関係者のネットワーク構築を目的としたカンファレンス。一般チケットでもトークショーなどに参加可能。

TICKET

通常チケットの他、出演者に一部還元されるサポートチケットも。入場券:約3,000～5,000円(1日～2日券)

ARTISTS

HOME、Billyrrom、Ovall,TOSH,FORD TRIO、 TAMTAM、ermhoi(2024年開催時)

ACCESS

那覇空港から車で約40分 (有料道路を利用の場合)。ミュージックタウン音市場の駐車場は6時間無料で利用可能(満車の場合を除く)。

Music Laneの
YORIMICHI

会場近くにある
沖縄グルメも満喫!

会場周辺は飲食店も豊富。音市場の目の前にある自家製ハム・ソーセージ専門店の「TESIO」や、老舗タコス屋「チャーリー多幸寿」のグルメは絶品!

INFO

TESIO
🏠〒904-0004 沖縄県沖縄市中央1-10-3 📞098-953-1131 🕚11:00～18:00

主催者コメント

アジアを中心にアーティストと国内外の音楽関係者をマッチングさせることが目的の一つ。これをきっかけに多くのバンドが海外フェスに招かれています。

野田隆司

APR. 04
MAY 05
JUN. 06
JUL. 07
AUG. 08
SEP. 09
OCT. 10
NOV. 11
DEC. 12
JAN. 01
FEB. 02
MAR. 03

ボロフェスタ
【ボロフェスタ】

📍エリア 京都府 京都KBSホール
🗓時期 11月上旬　🏠屋内外 屋内

予定調和なし!
本気の"大人文化祭"

100人以上のボランティアと主催チームによってゼロから作られる京都のDIYフェス。主催者の「観たい!」にこだわった個性的なラインナップに加え、ゲリラ的に行われる玉入れ、綱引き、パン食い競走といった参加型イベントも人気。秋の本編に先駆けて、夏にはサーキットフェス「ナノボロ」も行われる。

ARTISTS
ZAZEN BOYS、キュウソネコカミ、LOSTAGE、THE BAWDIES

ACCESS
地下鉄烏丸線「今出川駅」、「丸太町駅」から徒歩約10分。

主催者
コメント
お目当ての有名なアーティストもたくさん出演する中、光るのはまだ無名の、でも自信を持っておすすめできるアーティストたち。新しい出会いにご期待ください!
土龍

© ボロフェスタ

UNKAI NATURAL CAMP
【ウンカイ ナチュラル キャンプ】

📍エリア 岡山県 大芦高原キャンプ場
🗓時期 11月上旬　🏠屋内外 野外

雲海を見下ろす絶景も!
夜通し遊べるキャンプフェス

岡山県大芦高原で開催されるキャンプフェス、通称「UNC」。フェス好きが唸るラインナップが揃うなか、地元を拠点に活動する子育て真っ最中のお母ちゃんバンド「もんぺーず」など、UNCならではのアクトも魅力。主催者が運営するゲストハウス兼カフェ＆ラウンジ「KAMP」もあわせて訪れてみよう。

ARTISTS
KEN ISHII、neco眠る、んoon、馬喰町バンド、GeGeGe

ACCESS
中国自動車道「美作IC」から車で約30分。

主催者
コメント
大芦高原ではタイミングがよければ早朝に山頂から雲海を見ることができます。こだわりのフードはぜひ全種類食べてみてください。日替わりでメニューが変わるお店もありますよ。
キタジマ

©UNKAI NATURAL CAMP

宗像フェス
【むなかたフェス】

📍エリア 福岡県 宗像ユリックス
🗓時期 11月上旬　🏠屋内外 屋内外

花火×音楽の幻想的なライブ
世界遺産を守る活動も

地域活性化を目的とした花火イベントがきっかけでスタートした音楽フェス。バンド、ヒップホップ、アイドルなど、幅広いジャンルのアーティストが集い、最終日には、出演アーティストの楽曲とともに打ち上げられる花火でフェスが締めくくられる。世界遺産を守る環境活動を積極的に行っているのも特徴。

ARTISTS
MIYAVI、HKT48、手嶌葵、加藤ミリヤ、miwa、yama、ばってん少女隊

ACCESS
JR「博多駅」から電車で約30分。会場まではシャトルバスでの移動。

主催者
コメント
さまざまな有名アーティストが出演しミュージックライブが繰り広げられます。エンターテイメントの力によって「みんなの夢」を大きく膨らませます。
濵田修一

© 宗像フェス

波の上フェスティバル
【なみのうえフェスティバル】

📍エリア 沖縄県 波の上うみそら公園
🗓時期 11月上旬　🏠屋内外 野外

まだまだ夏気分を味わえる!
沖縄のカルチャーが詰まったフェス

那覇空港や国際通りから車で約10分の好立地で開催される野外フェス。ヒップホップを中心に県内外から人気アーティストが出演。音楽以外にもファッション、ダンス、BMXなど、ローカルのストリートカルチャーを体感できる。フリーエリアでは沖縄各地の食が楽しめる「波めしグランプリ」も。

ARTISTS
RITTO、OLIVE OIL、韻シスト、Leo王、I-VAN

ACCESS
那覇空港から車で約10分。58号線北上、久茂地交差点を左折後直進。

主催者コメント
同時開催の「波めしグランプリ」は、音楽・食・文化共に味わえるイベントです。11月の沖縄は割と暖かいので1年のフェスの締めくくりにぜひ波フェスを堪能してほしいです。
新川

© 波の上フェスティバル

ロッチル（ROCKS FORCHILE）
【ロッチル ロックス フォーチル】

📍エリア 大阪府 ひらかたパーク
🗓時期 11月上旬～12月中旬　🏠屋内外 野外

子どもたちもステージに!
子どもが主役の音楽フェス

2017年からスタートした親子で楽しめる関西発のロックフェス、通称「ロッチル」。体験型のワークショップはもちろん、子どもたちが事前に練習して、ステージ上でコラボセッションをしたり、バックダンサー体験ができたりと、アーティストやクリエイターと共創・共演できるコンテンツが多く用意されている。

ARTISTS
四星球、矢井田瞳、梅田サイファー、DJダイノジ

ACCESS
御堂筋線「淀屋橋駅」から京阪電車に乗り換えて、「枚方公園駅」で下車。

主催者コメント
ロッチルのチルはFOR CHILDRENから。子どもたちの夢や未来のきっかけとなるコンテンツが多数散りばめられており、大人も子どもも最高の体験となるイベントです!
伊吹美里

©ROCKS FORCHILE

ブジウギ音楽祭
【ブジウギおんがくさい】

📍エリア 兵庫県 神戸ワイナリー（農業公園）
🗓時期 11月中旬　🏠屋内外 野外

人気の飲食店が集結!
新感覚のフード&音楽フェス

神戸の飲食企業が2022年に立ち上げた食×音楽の野外フェス。ステージを囲むように、京阪神の人気飲食店がずらりと並び、ローカルなフードやドリンクとともに音楽ライブを楽しめる。2階のテラスをステージにするなど、ワイナリーならではの施設や建物を活かした会場作りも特徴。丘の上に位置し、夜は神戸の夜景も味わえる。

ARTISTS
NONA REEVES、民謡クルセイダーズ、片想い、思い出野郎Aチーム

ACCESS
地下鉄西神・山手線「西神中央駅」から無料シャトルバスで約10分。

主催者コメント
「飲食店」だからこそできる有名店舗の出店と心地よい音楽で、心もお腹もハッピーになるお祭りです!
小林元気（BOOZYS代表）

© ブジウギ音楽祭

04	APR.
05	MAY
06	JUN.
07	JUL.
08	AUG.
09	SEP.
10	OCT.
11	NOV.
12	DEC.
01	JAN.
02	FEB.
03	MAR.

APR. 04

MAY 05

JUN. 06

JUL. 07

AUG. 08

SEP. 09

OCT. 10

NOV. 11

DEC. 12

JAN. 01

FEB. 02

MAR. 03

下北沢にて
【しもきたざわにて】

📍エリア 東京都 下北沢周辺 ライブハウス
🗓時期 12月上旬　⛰屋内外 屋内（一部野外）

THEラブ人間主催！
下北沢全体を楽しむ音楽フェス

東京・下北沢で開催される冬のサーキット型音楽イベント。複数のライブハウスやレコードショップ、空き地などがステージとなり、音楽ライブのみならず、お笑い芸人のネタや映画の野外上映、御神輿を担いでのパレードなど、街全体を使ったお祭り感が特徴。「見放題」(P.78)など、他のサーキットフェスとのコラボも。

ARTISTS

THEラブ人間、忘れらんねえよ、Wienners、あっこゴリラ、大森靖子

ACCESS

京王井の頭線・小田急線「下北沢駅」から徒歩10〜15分圏内。

主催者
コメント
"下北沢にて"は『街を使った音楽のお祭り』です。音楽、お笑い、グルメなど様々なカルチャーを巻き込んだ老若男女が楽しめる温かく身近なフェスです。

THE ラブ人間

© 下北沢にて

MERRY ROCK PARADE
【メリー ロック パレード】

📍エリア 愛知県 ポートメッセなごや
🗓時期 12月中旬〜下旬　⛰屋内外 屋内

クリスマスを祝う！
東海最大級の冬のロックフェス

年末に名古屋で開催される屋内フェス、通称「メリロ」。名古屋駅から電車で約30分に位置する大規模な屋内施設で開催され、その年のロックシーンを賑わせたアーティストが一堂に集う。クリスマスシーズンということで会場内のツリーはメリロ名物。ロゴやグッズに使われる MERRY ROCK SHEEP（羊）も人気。

ARTISTS

Saucy Dog、Creepy Nuts、クリープハイプ、マルシィ

ACCESS

あおなみ線「金城ふ頭駅」から徒歩約5分。

主催者
コメント
コロナ禍でも立ち止まらなかった、東海地区最大の冬のロックの祭典！場内には巨大クリスマスツリーもあり、季節を感じながら楽しんでいただけるイベントとなっています。

サンデーフォークプロモーション　間瀬光太郎

©MERRY ROCK PARADE

ARAFUDO MUSIC
【アラフド ミュージック】

📍エリア 福島県 YUMORI ONSEN HOSTEL
🗓時期 1月下旬　⛰屋内外 屋内

舞台は140畳の宴会場！
1泊2日の大人の修学旅行

福島県土湯温泉町の温泉宿を貸し切って行われる150名限定のフェス。浴衣を纏ったアーティストのアコースティックライブを畳の上で楽しむのがこのフェスのスタイル。チケット料金には、ライブの入場料と宿泊代が含まれているので、温泉旅行気分でフェスに参加しよう。一人参加のための相部屋プランも。

ARTISTS

蔡忠浩、奇妙礼太郎、オオヤユウスケ、原田郁子、堀込泰行

ACCESS

東北自動車道「福島西IC」から約15分。

主催者
コメント
おそらく日本で一番ちいさなフェス！だからこそ生まれる親密さと熱量があります！その様は「桃源郷」とも「地獄絵図」とも評されています…。

アラフドミュージック　山登宏史

©ARAFUDO MUSIC

FUKUOKA MUSIC FES.

【フクオカ ミュージック フェス】

♀エリア 福岡県 福岡PayPayドーム
📅時期 1月下旬　**🏠屋内外** 屋内

年明けの福岡に
人気アーティストが集結!

福岡ソフトバンクホークス、スペースシャワー TV、BEAMS の3社がプロデュースする、通称「福フェス」。シーンを賑わすアーティストが福岡に集う。また、ドーム内にステージが並んで配置されるので、移動が少なく快適に過ごせるのも特徴。ゆったりしたシートのチケットや、カウンター付きチケットの販売も。

ARTISTS

[Alexandros]、sumika、
クリープハイプ、WANIMA

ACCESS

福岡市地下鉄「唐人町駅」で下車。3番出口より徒歩約15分。

| 主催
コメント | 「福フェス」は日本を代表する素晴らしいアーティストが集うと人気を博しています。ドームならではの演出・一体感を生で感じてください。新年の初フェスは「福フェス」で決まり! |

© FUKUOKA MUSIC FES.

GMO SONIC

【ジーエムオー ソニック】

♀エリア 埼玉県 さいたまスーパーアリーナ
📅時期 1月下旬　**🏠屋内外** 屋内

著名アーティストが多数来日!
サマソニチームとGMOによる大型フェス

「SUMMER SONIC」を手がけるクリエイティブマンと GMO がタッグを組んで開催する国内最大級のダンスミュージックフェス。欧米の著名DJの来日に加え、K-POP勢もラインナップされる。年明けは海外勢が出演するフェスはほとんどないので、いち早く洋楽フェスの雰囲気を味わいたい人におすすめ。

ARTISTS

ZEDD、KYGO、GALAN
TIS、STEVE AOKI、
aespa、JO1

ACCESS

JR京浜東北線・上野東京ライン「さいたま新都心駅」から徒歩約3分。

| 主催者
コメント | 国内外のダンスミュージックシーンを代表するトップアーティストたちに加え、日本文化とエンターテイメントが融合したこれまでにないフェスをお届けします。
クリエイティブマンプロダクション 坂口 |

©GMO SONIC

Snow Machine

【スノー マシン】

♀エリア 長野県 白馬村
📅時期 2月下旬~3月上旬　**🏠屋内外** 野外

音楽×ウィンタースポーツ
オーストラリア発の絶景フェス

長野県白馬村のリゾートにて開催される音楽とスキーをテーマにしたフェス。オーストラリアで人気の「Wine Machine」の姉妹フェスで、ニュージーランドと日本の2カ国で開催されている。スキーやスノーボードを楽しんだ後に、DJパーティーを楽しむ独特のスタイルのフェスとして、外国人旅行者からの人気が高い。

ARTISTS

Nina Kraviz、Diplo、
Lime Cordiale、Shinichi
Osawa、Busy P

ACCESS

中央自動車道「安曇野IC」から車で約1時間半。

| 主催
コメント | 5日間続く爽快な音楽、息を飲むような雪景色、そして忘れられないスキーの後のスリル! アルプスの街全体を舞台にした、特別な冒険の準備をしよう! |

Falcona Events

©Patrick Stevenson

04 APR.
05 MAY
06 JUN.
07 JUL.
08 AUG.
09 SEP.
10 OCT.
11 NOV.
12 DEC.
01 JAN.
02 FEB.
03 MAR.

APR. 04

MAY 05

JUN. 06

JUL. 07

AUG. 08

SEP. 09

OCT. 10

NOV. 11

DEC. 12

JAN. 01

FEB. 02

MAR. 03

J-WAVE TOKYO GUITAR JAMBOREE

【ジェイウェーブ トーキョー ギター ジャンボリー】

♀エリア 東京都 両国国技館
■時期 3月上旬　**⚠屋内外** 屋内

大相撲の聖地で贅沢ライブ
"和"を味わえる弾き語りフェス

土俵に見立てたステージを観客が囲う形でライブが行われる、ギター弾き語りに特化したフェス。両国国技館が会場なので、フェス飯には国技館名物のちゃんこや焼き鳥が並び、物販には手拭いや湯呑みなど随所で大相撲気分を味わえる。至近距離でライブを観られる砂かぶり席や複数人で観覧できるマス席も人気。

ARTISTS

真心ブラザーズ、トータス松本、森山直太朗、スガ シカオ

ACCESS

JR「両国駅」から徒歩約1分、都営大江戸線「両国駅」から徒歩約5分。

主催者コメント ／ 日本最大級のギター弾き語りの祭典。幕間にはオーディション企画"新弟子検査"グランプリ・アーティストが弾き語り。飲み物片手に両国国技館名物をつつきながら楽しめる"音楽花見"です。
J-WAVE コンテンツ事業部

©J-WAVE TOKYO GUITAR JAMBOREE

ツタロックフェス

【ツタロックフェス】

♀エリア 千葉県 幕張メッセ
■時期 3月中旬　**⚠屋内外** 屋内

ツタロックフェス2023 [Alexandros]

いち早くフェス気分を味わう!
春のロックの祭典

本格的なフェスシーズン開幕を前に、幕張メッセで開催される屋内型のロックフェス。その年のシーンで活躍が期待されるアーティストが多くラインナップされる。基本的に2ステージで交互にライブが行われ、全出演者を観ることができる。関連イベントとして「ツタロックDIG」「Scramble Fes」なども行われる。

ARTISTS

Vaundy、クリープハイプ、04 Limited Sazabys、ハルカミライ、緑黄色社会

ACCESS

JR京葉線「海浜幕張駅」より徒歩5〜15分。

主催者コメント ／ 2ステージで交互に行われるライブは、頑張れば全出演アーティストを楽しめます。日本のロックシーンと真ん中をギュッと濃縮したツタロックフェスで日本の春フェス一番乗り!
前田博章

© ツタロックフェス

Creema YAMABIKO FES

【クリーマ ヤマビコ フェス】

♀エリア 神奈川県 長井海の手公園 ソレイユの丘
■時期 3月中旬　**⚠屋内外** 野外

自然とカルチャーを体感!
音楽とクラフトの野外フェス

野外音楽ステージに加えて、器やインテリアなどクリエイター作品が並ぶクラフト市や、本格的なアウトドアサウナやサ飯を楽しめるサウナ村、全国から集まる人気のコーヒースタンドなど、様々なカルチャーを体感できるのが最大の特徴。子ども向けのアクティビティも豊富で、ファミリーにも人気。

ARTISTS

ウルフルズ、KIRINJI、Lucky Kilimanjaro、ハンバート ハンバート 他

ACCESS

京浜急行「三崎口駅」より京急バス「ソレイユの丘」行きにて約20分。

総合プロデューサーコメント ／ 最高の音楽に揺れる。サウナ村でととのう。クラフト市でお気に入りと出会う。焚火とDJの音を肴にアウトドアスナックで語らう。ここだけの体験とカルチャーをお楽しみに。
総合プロデューサー 丸林耕太郎

＊イベント開催時は公園全面が貸切のため、チケットをお持ちの方のみ入園が可能となります ©Creema YAMABIKO FES

PUNKSPRING
【パンクスプリング】

エリア 千葉県 幕張メッセ
時期 3月中旬　**屋内外** 屋内

歴史の目撃者に!?
パンクロックのレジェンドが集結!

「SUMMER SONIC」(P.30)を手がけるクリエイティブマンが主催するパンクロックの祭典、通称「パンスプ」。2023年には、再結成後、日本初ライブとなったMY CHEMICAL ROMANCEが出演。2024年はSUM 41の最後の日本ツアーとなるなど、毎年数々のハイライトを生み出している。

ARTISTS
SUM 41, The Damned,
Suicidal Tendencies,
Zebrahead, NOFX

ACCESS
JR京葉線「海浜幕張駅」より徒歩5～15分。

主催コメント ／ PUNKSPRINGはその名の通り、春開催のパンク・ロック・フェス。2023年に復活開催を遂げ、2024年は2日間の開催! PUNK IS NOT DEAD です。
クリエイティブマンプロダクション

Spring Love 春風
【スプリング ラブ はるかぜ】

エリア 東京都 代々木公園野外ステージ周辺
時期 3月中旬～下旬　**屋内外** 野外

都心のど真ん中で
春の訪れを祝うフリーフェス

1998年に東京渋谷の代々木公園でスタートしたフリーパーティーで、数年のブランクを経て2009年に「SPRING LOVE 春風」としてリスタート。入場無料の会場には、物販やワークショップなどが体験できるブースが並ぶ。開催日程によっては代々木公園の桜を堪能しつつ、音楽フェスを楽しむことができる。

ARTISTS
MATSUMOTO ZOKU
BAND, オカモトレイジ(OKAMOTO'S), 曽我部恵一

ACCESS
JR「原宿駅」、東京メトロ千代田線「代々木公園駅」から徒歩約5分。

主催コメント ／ フェスの裏方さん達が始めたお花見フリーパーティ。情熱は受け継がれ時代と共に子どもから大人までが一堂に会せる場へと進化し続けています。春の祝祭を共に創り上げましょう!
一般社団法人Spring Love 春風

HY SKY Fes
【エイチワイ スカイ フェス】

エリア 沖縄県 総合運動公園 多目的広場
時期 3月下旬　**屋内外** 野外

沖縄出身のHYが主催
SDGsを意識した音楽フェス

HYのメンバーが地元沖縄で開催する野外フェス。音楽ライブの他、キャンプや子ども参加型のコンテンツなどが楽しめる。さらに「世界一クリーンなフェス」を目指し、公園内や砂浜でのゴミ拾いや、廃材を使った楽器作りワークショップなど、SDGsをテーマにした取り組みも積極的に行われている。

ARTISTS
HY, MONGOL800,
Awich, 槇原敬之, 氣志團, 加藤ミリヤ

ACCESS
沖縄自動車道「北中城IC」より東へ約5km。

実行委員会コメント ／ HYが地元沖縄で、"今を生きる子供たちに何かステキなきっかけを作れないだろうか?"と考え、生み出されたSKY Fes。設備が拡大された快適な空間でお楽しみください!
HY SKY Fes 実行委員会

\絶品!!/ フェス飯 特集

Standard food
定番フェス飯

フェス飯といえば、カレー、丼もの、バーガー、そして麺類。肉系のメニューが多いのも特徴のひとつ。アーティストプロデュースのコラボメニューも!

完熟ミックススパイス・チキンキーマカレー
Yellow Magic Spice

Curry

千葉県産無添加
煮干しのらーめん
NOODLE STAND 栗原商店

Ramen

アーティストが手がける
カレーも

ちょっと大人のバターチキンカレー
桜井食堂 (Dragon Ash の
Dr. 櫻井誠氏プロデュース)

Curry

台湾ルーロー飯
長城菜館

Lou Rohan

Potato

Share food
みんなでシェア飯

複数人で参加している場合は、ピザ、ポテト、唐揚げなど、個別に取り分けられるものを買ってシェアするのもおすすめ。買う前にボリュームもチェックしておこう。

もちもちポテト
もちもちポテト 323 号室

至福のマルゲリータ
Pizza Bakka- ピッツァバッカ

Pizza

キューバサンド
PRIMAL

Cuban Sandwich

What's フェス飯クラブ？

「フェス飯クラブ」は日本全国のフェス飯を紹介＆徹底レビューしている情報サイト。登録ユーザーがレビュー投稿できるのが魅力。

One hand food
ワンハンド飯

ゆったり座れる場所がなかったり、ライブが迫っていて急いで食べたい場合は、片手でさくっと食べられるキューバサンドやホットドッグ、コロッケなどが便利。

ずわいがに
たっぷりコロッケ
カニ専門店 かじま

Croquette

ドーナツ（プレーン）
HIGUMA Doughnuts

Sweets & Cafe
スイーツ＆カフェ飯

最近のフェス飯は、甘いものやカフェ系のメニューも充実！ドリンク類は写真映えするだけでなく、熱中症対策にも◎

山梨笛吹産
完熟桃のピーチシェイクフロート
CAFE MARCHÉ + DELI.

Float

Doughnuts

こんなテーマのフェスも

クラフトビールが主役!?
ブルワリーが多数出店する
CRAFTROCK FESTIVAL
(P.55)

日本一の焼肉の街で開催
フェス会場でも肉を焼く！
焼來肉ロックフェス
(P.81)

ラーメンの名店が大集合
ラーメン女子監修の名店が並ぶ
LIVE AZUMA
(P.102)

フェス飯選びの心得　3カ条

その1	事前にSNSや公式サイトでそのフェスの定番や名産フードをチェック	→	ライブの合間にいつ何を食べるかも決めておくべし
その2	人気店は1時間待ちなんてことも…でも空いている時間帯も	→	どうしても食べたいものは、オープン直後や人気のアクト中を狙うべし
その3	さくっと食べたい人は、並ぶ前にチェック！	→	ライブ優先で早く食べたい人は、回転の早い店を選ぶべし

協力：フェス飯クラブ、CRAFTROCK FESTIVAL、焼来肉ロックフェス、LIVE AZUMA

RECOMMEND ITEMS

フェスに初めて参加するという方も、何度も参加しているという人も、
直前になると何を持っていったらよいのか悩んでしまうのが、フェスあるある。
最低限持っていくべきアイテムと注意事項を紹介!持ち物をチェックして、万全の準備でフェスに向かおう!

MUST-HAVE まずはこれを持っていけばフェスを存分に楽しめる!

01 チケット ★★★

最近は紙ではなく電子の場合も多いが、フェスによってはリストバンドが郵送されてくることもあるのでお忘れなく!

02 スマートフォン ★★★

電子チケットやキャッシュレス決済、フェス公式アプリなどで使う、なくてはならない必需品。

03 モバイルバッテリー ★★★

会場内で充電スペースがあるフェスも増えたが、持参した方が安心。電子機器なので防水対策も。

04 財布 ★★★

フェス用にコンパクトな財布を用意するのがおすすめ。ポケットや鞄から取り出しやすい薄手のものがベター。

05 バッグ ★★★

荷物量にあわせてサイズを選ぼう。遠方からの参加者やグッズ購入者は、エコバッグを持参したり、クロークに預けるのも◯。

06 レジャーシート ★★

地面が湿っているときや休憩するときにあると便利。ステージ後方でゆったり座りながらライブを観るときにも重宝する。

財布のなかに入れておくべきもの

☐ 07 身分証 ★★★

入場時の本人確認やアルコール購入時の年齢確認で必要になる場合も。出した後に落とさないように必ず財布に戻そう!

☐ 08 現金 ★★★

電子決済が増えてきているが、現金決済のみの店舗や電波障害に備えて、最低限は持っておこう。

☐ 09 ICカード ★★

会場内で電波が繋がりづらい時のために、交通系ICカードを用意しておくと安心。事前にチャージも忘れずに。

check!

ADVICE 持ち物アドバイス

1 持込禁止物を事前にチェック!

フェスによって持込禁止物が違うので、公式サイトをチェック。一部の飲み物、カメラ、椅子など、フェスや会場ごとにルールが違うので注意。

2 キャンプフェスならではのルール

テント、椅子、寝袋など一般的なものは問題ないが、フェスによっては、タープ禁止、直火禁止などのルールがある。食べ物を作る際は食材とクーラーボックスも忘れずに。

10 雨具 ★★

山間部や高原のフェスは天候が変わりやすいので、レインウェアや防水シューズなどを準備しておいた方が安心。

11 防水ケース ★★

スマホや財布などを収納する防水ケースがあると雨が降っても安心。モバイルケースはもちろん、ジッパー付き袋でも代用可。

12 防寒グッズ ★★

真夏以外のフェスでは、朝夕の冷え込みに注意。天気予報のチェックや過去の参加者ファッションも参考に。

RAIN 豆知識 雨の場合でも会場内での傘利用はNGになっているフェスが多いので注意!

10：KiU ポンチョ／ニュースタンダード レインポンチョ K163-260

13 帽子 ★★★

直射日光を防ぐため、帽子があるとベター。前後左右の日光を防げるバケットハットやサファリハットもおすすめ。

14 サングラス ★★

日差し対策としてあると便利なサングラス。ただしフェスでの落とし物の定番でもあるのでなくさないように注意!

15 日焼け止め ★★

ライブ中は長時間同じ場所で過ごすため、顔以外にも首回りや腕、脚など、肌が露出するところは重点的に塗っておこう。

16 汗拭きシート ★

夏開催のフェスは30℃を超えることも多く、普段の数倍汗をかくことも。冷感タイプだと暑さ対策にもなるのでおすすめ。

17 タオル ★★★

汗を拭くだけでなく、日焼け対策にも有効。会場で売っていたり、配られたりしていることも。少なくとも1枚あると便利。

18 飲み物・ボトル ★★★

持ち込み可能なフェスは飲み物を持参しよう。無料で水を補給できるフェスも増えており、ボトルが役立つ。

SUMMER 豆知識 スポーツドリンクやタブレットなどで塩分補給も忘れずに。体調が悪くなった際は、迷わず救護へ。

13：KiU ハット／ウォーターリペレント UV ハット _ K213-911、UV&RAIN バケットハット K326-292

3 女性の参加者はここに注意!

特に夏フェスはメイクが崩れやすいので、シンプルメイクが吉。鏡の付いたコンパクトフェイスパウダーがおすすめ。サニタリーグッズは会場ではなかなか買えないので事前の用意を。

4 クロークを上手に利用しよう

荷物を持ち歩きたくない人や遠方からの参加の場合は、クロークを利用しよう。出し入れ不可の場合は、ライブが始まる前にグッズを購入してから預けるのがベター。

5 アレを忘れた!そんなときは?

突然の雨など、急遽着替えやタオルが必要になったら、グッズを購入するのもあり。ただし、開場後すぐは並ぶことが多いので注意。会場に向かう途中のお店で調達するという手も。

GOOD MANNERS

フェスの雰囲気を作るのは参加者一人ひとりなので、気持ちよくフェスを過ごせるように
最低限のマナーは守ろう！詳しくは各フェスの公式サイトにあるガイドラインをチェック！

MANNER
1

!) ライブ中の撮影は原則NG

フェスでは、スマートフォンやデジタル
カメラによるライブ中の撮影は基本的に
禁止されている。アーティストによっ
ては撮影OKであったり、ライブの途中
に一部の撮影を許可することもあるので、
その際は撮影しても問題ない。撮影す
るときは周囲への配慮も忘れずに。

MANNER
2

!) モッシュやダイブは
禁止のフェスが多い

モッシュ、ダイブなどは禁止されている
フェスが多く、フェスによっては、危険
行為を行った場合は退場となる。他人
を怪我させる可能性がある行為は、どの
フェスも禁止となっている。

MANNER
3

!) ゴミはゴミ箱へ！
来たときよりも美しく！

日本のフェスは世界各国と比べると、圧
倒的にきれいに保たれている。ペット
ボトルのラベルを剥がしたり、プラス
チックと割りばしを分けたりなど、その
ルールはフェスによって違っているので、
現地のスタッフの指示に従おう。

MANNER 4

⚠ 地蔵はかっこ悪い！推しが恥をかく

推しのアーティストのために、早い時間からステージ前方で待機することもあるかもしれないが、その前に登場しているアーティストのライブ中にステージ前方で座っていたり、盛り上がらずにボーッとしたりしているのはマナー違反。こういった行為は巷では"地蔵"と呼ばれている。推しのアーティストが恥をかくことになるので気をつけよう！

MANNER 5

⚠ 禁止エリアでの椅子やレジャーシートの使用

フェスによっては、椅子やレジャーシートなどの禁止エリアを設けていることがある。また禁止でなくても、椅子やシートを置いたままにして、長時間不在にするなどのいわゆる場所取り行為は、他の参加者の迷惑になるので控えたい。

MANNER 6

⚠ 自分のことは自分で！困ってる人がいたら助ける！

体調管理や1日の体力配分など、自分のことは自分で管理するのが基本。特に夏場は熱中症対策を怠ると、フェスの途中で気分が悪くなってしまうことも。異変を感じたら無理せず休んだり、救護室に行くなど、自分で身体をケアしよう。また、周りで困っている人がいた場合は、声をかけたり、スタッフを呼んで助けてあげよう！

MANNER 7

⚠ 家に帰るまでがフェス！

フェスの行き帰りの道中、公共交通機関、飲食店、スーパー、コンビニなど、一般の人々とすれ違う瞬間は少なくない。一般の人々に悪いイメージを持たれないように、会場外で騒いだり、たむろしたりしないのもフェス参加時のマナー。フェスが開催できるのは地元に住んでいる人の理解があるからこそ！「家に帰るまでがフェス」という心がけで気持ちよく行き帰りを過ごそう。

ココにも注意!! 残念ながらフェスでも痴漢行為やスリが報告されることがあります。異変を感じたら周囲やスタッフへの声がけを！

Q&A

フェスデビュー時や初参加の人からよく聞かれる、フェスについての質問や疑問をまとめました。

Q1 チケットはいつ買えばいい?

A 少しでも早い方がお得!

早割や先行販売の方が、当日券より安く設定されていることが多いので、行くことが決まったらチケットはなるべく早く押さえよう。人気フェスの場合はそもそも抽選販売のみで完売ということもあるので、申込日程を逃さないように。

Q2 いつ会場に入ればいい?

A いつでもOK! 時間には余裕を持って

入場ゲートがオープンする「開場時間」と、ライブがスタートする「開演時間」が事前に発表されるので、その時間を目がけて行く人が多いが、フェスは1日中開催されているので、基本的にはいつ入場しても問題なし。グッズ購入やお目当てのアーティストのライブが早い時間の場合は早めに会場入りをしよう。

Q3 どんな服装で行けばいい?

A 過去の参加者を参考にしつつも好きな格好で

フェスでよく見かけるファッションやスタイルはあるが、普段着より動きやすさや機能性を重視すれば、基本的に何を着て行ってもOK。ただし天候が悪い場合は、万全の準備が吉。本書のファッションページ（P.10）や公式SNSなどを見て、過去の参加者の雰囲気を掴もう!

Q4 持ち物は少ない方がいい?

A 少ない方が動きやすい

会場内で動き回りたい人は、できるだけ荷物が少ない方がよい。特にライブ中に前方に行く場合は、他の人の邪魔になることもあるので注意。遠方から参加する人やキャンプ泊の場合は、クロークやテントに荷物を置いてから行動しよう。持っておくべき&役立つ持ち物リストはP.134をチェック!

Q5 どれくらいお金かかる?

A 遠方のフェスは高くなりがち

チケット代のほかに、フェス会場では主に飲食やグッズ購入、さらに長距離移動や宿泊を伴うフェスだと、交通費、宿泊費が大きな出費となる。新幹線や飛行機移動、連泊を伴うものは10万円以上になることも。自宅から近いフェスであれば、フェス中の出費だけで済むのでリーズナブル。

A ソロフェスも楽しい！

一人での参加でも問題なし！ライブや食事の時間も人にあわせる必要がないので、自由気ままに行動できるのがメリット。SNSで参加している人を探してコンタクトを取り、ソロ参加同士で乾杯なんてことも。

「どこでライブを観ればいい？」

A 観たい場所で自由に

座席指定のフェスは少ないので、基本的に好きな場所でライブを観ることができる。単独ライブではなかなか前方で観られないアーティストを、近くで観られるチャンスも。あえて後方からゆったりとライブを観るのも優雅な過ごし方。割り込みはもちろん、過度な場所取りや座り込みなど、「マナー違反はNG！（P.136）

「子どもを連れて行っても大丈夫？」

A もちろんOK！ただし準備やケアを怠らずに

最近はキッズエリアや子ども向けコンテンツが充実しているフェスも増えており、家族旅行の選択肢としてもおすすめ。とはいえ、子ども連れでの参加の場合は、熱中症対策やイヤーマフによる音量対策を万全に。子どもの体力にあわせたスケジュールを組もう。

「フェスデビュー時や初心者におすすめのフェスは？」

A 近場のフェスやフェス慣れした人との同行がおすすめ

住んでいる場所から近いフェスや都市型フェスは、アクセス面での不安が少ないのでおすすめ。遠方のフェスやキャンプフェスなどは、フェスやキャンプに慣れた人に同行させてもらうと安心。

「スマホは繋がる？」

A 繋がることの方が多いが油断は禁物

人が多く集まる大規模フェスや山奥で開催されるフェスでは電波が繋がりにくいこともある。その場合、電子決済ができないこともあるので最低限の現金を持っていったり、事前にタイムテーブルやマップを画像保存しておくと便利。電波が繋がりにくいとスマホのバッテリー消耗も早いので、モバイルバッテリーの持参を推奨。

EPILOGUE

"フェスは人々の生きる喜びや希望になる"
そう信じて、人生をかけてフェスを追い続けている

僕自身はフェスを作っているわけではないけれど
アーティスト、主催者、スタッフ、地域の人たちも
そんな想いでフェスに関わっているからこそ
あの奇跡のような空間が生まれるんだと思う

この本も同じ想いで、フェスの力を信じて作りました
これをきっかけに一人でも多くの人が
フェスに足を運んで、旅を楽しんでくれたら本望です

どこかのフェスでお会いしましょう!

津田 昌太朗

津田 昌太朗
Shotaro Tsuda

日本全国の
音楽フェス情報や
フェスで役立つネタを
毎日配信

Festival Life 🔍

フェス会場からの
レポートや
主催者インタビューを
音声で

Festival Junkie Podcast 🔍

Festival Life 編集長。1986年兵庫県生まれ。慶應義塾大学卒業後、博報堂に入社。英国の「グラストンベリー」がきっかけで会社を辞めロンドンに移住し、海外フェスを横断する「Festival Junkie」プロジェクトを立ち上げ、2019年には、これまで参加した海外フェスをまとめた『THE WORLD FESTIVAL GUIDE』（いろは出版）を出版。現在は、音楽フェス情報サイト「Festival Life」の編集長を務めながら、雑誌連載やラジオ番組のパーソナリティ、サマーソニックをはじめとしたフェスのステージ MC など、フェスカルチャーをさまざまな角度から発信し続けている。

デザイン・DTP：タキ加奈子　北 英理香　坂田瑠菜 [soda design]
制作協力：Festival Life
イラスト：芦沢ムネト

編集：田辺一美　川本真生 [小学館クリエイティブ]
編集協力：石田智美
校閲：小学館クリエイティブ校閲室

撮影：金本凜太朗（カバー、P.1-5、P.14、P.142、P.144）
　　　佐藤寿樹（P.13-14、P.84-85、P.118-119、P.134-135）
　　　千葉 格（P.64-65）
カバー・口絵ロケ地：New Acoustic Camp

ファッションスナップ：江藤勇也　石川優菜　福井郁花 [Festival Life]

Special Thanks：市之瀬 亮　大橋美蘭　幸田 悟 [沖縄音楽旅行]
　　　　　　　　立川智宣　土田庄一　永井純一　長川善彦・麻由
　　　　　　　　亜杏丈琉　まほろ堂蒼月　and YOU

フェス旅
日本全国音楽フェスガイド

2024年4月22日　初版第1刷発行
2024年8月7日　初版第3刷発行

著者　　　　津田昌太朗
発行人　　　尾和みゆき
発行所　　　株式会社小学館クリエイティブ
　　　　　　〒101-0051
　　　　　　東京都千代田区神田神保町2-14 SP 神保町ビル
　　　　　　電話0120-70-3761（マーケティング部）

発売元　　　株式会社小学館
　　　　　　〒101-8001
　　　　　　東京都千代田区一ツ橋2-3-1
　　　　　　電話03-5281-3555（販売）

印刷・製本　　TOPPAN クロレ株式会社